Arbeitstexte für den Unterricht

Spieltexte

5.–7. Schuljahr

Für die Sekundarstufe I
herausgegeben von
Arnold Grömminger

Philipp Reclam jun. Stuttgart

Universal-Bibliothek Nr. 9576
Alle Rechte vorbehalten
© 1983 Philipp Reclam jun. GmbH & Co., Stuttgart
Gesamtherstellung: Reclam, Ditzingen. Printed in Germany 1998
RECLAM und UNIVERSAL-BIBLIOTHEK sind eingetragene Marken
der Philipp Reclam jun. GmbH & Co., Stuttgart
ISBN 3-15-009576-X

Inhalt

I. Vorwort 4

II. Texte 5

   A. Witzige und heitere Stücke 5

      1. Taktik 5
      2. »Emil, die Polente kommt« 7
      3. Die berechtigte Ohrfeige 10
      4. Der Milchtopf 12
      5. Eulenspiegel und die Metzger 13
      6. Ein Drehtag im Studio 13 18
      7. Das Spiel vom weisen Kadi 25
      8. Der fahrende Schüler im Paradies 30

   B. Komisch-groteske Spiele 41

      9. Der Hasenbraten 41
     10. Der Schalter 44
     11. Zum stillen Winkel 50
     12. An allem ist die Katze schuld 56

   C. Nachdenkliche und problemorientierte Spiele 61

     13. Eine Minute 61
     14. Wie Bernd und Frieder miteinander reden 63
     15. Wo ist der Neue? 64
     16. Adam Riese und der Große Krieg 72

III. Arbeitsvorschläge 82

IV. Quellenverzeichnis 90

V. Literaturhinweise 92

I. Vorwort

Geht das spielende Lernen und das lernende Spielen nach der Grundschulzeit auch deutlich zurück, so führt der Deutschunterricht das Spiel als dramatische Form doch weiter bis zu allen Schulabschlüssen. Gerade in den letzten Jahren hat das »Theaterspiel« aus verschiedenen Gründen an Bedeutung gewonnen. Die Auseinandersetzung mit Problemen der Umwelt, Fragen an die älteren Generationen, aber vor allem auch die Auseinandersetzung mit sich selbst auf dem Weg zum Erwachsenwerden fordern spielerische Erprobung heraus. Im dramatischen Spiel lassen sich alle möglichen Verhaltensweisen und Ereignisse sowohl von der heiteren als auch von der ernsten Seite her beleuchten und überprüfen. Das Belächeln erkannter menschlicher Schwächen darf dabei gegenüber der kritisch-rationalen Auseinandersetzung mit Problemen gerade bei der Altersgruppe der 10–13jährigen Schüler, welche durch Vorpubertät und Pubertät zusätzlich belastet sind, nicht in den Hintergrund treten; denn das heitere Spiel schafft Ausgleich und mobilisiert Kräfte zur Bewältigung von Schwierigkeiten. Dies gilt für den schulischen Bereich ebenso wie für den außerschulischen.
Bei der Auswahl der Texte für die vorliegende Sammlung wurden diese Aspekte berücksichtigt: Es überwiegen die heiteren Spiele. Dies spiegelt aber auch die Lage des Angebotes an Spieltexten in der Kinderliteratur wider. Zwar gibt es eine Fülle problemorientierter Texte zum Kindertheater, sie eignen sich jedoch aus verschiedenen Gründen nicht für eine derartige Sammlung: entweder lassen sich einzelne Szenen nicht unbeschadet aus dem Gesamtzusammenhang eines Stückes herauslösen, oder aber Inhalt und sprachliche Form der Texte wären für den Gebrauch in der Schule zu sehr umstritten.

II. Texte

A. Witzige und heitere Stücke

1. Taktik

Personen: 1. HERR, 2. HERR, DAME

Dekoration: Prospekt mit dem Abfertigungsschalter einer Fluggesellschaft. Name der Gesellschaft, Flugziel und Flugnummer, Gepäckanhänger, Gepäckwaage, eine gemalte Hosteß hinter dem Schalter.
Mehrere Personen stehen vor dem Schalter Schlange, zumindest die drei Mitwirkenden, die aber jedenfalls am Ende der Schlange; vorn die Dame, dahinter die beiden Herren.

1. HERR *wendet sich zum zweiten um:* Typisch. Der Freitagabendrummel. Da will jeder nach Hause, der auswärts zu arbeiten hat. Da sind die Maschinen jedesmal knüppeldick voll.
2. HERR: Ja, so ist das.
1. HERR: Na. Wenn wir Glück haben, sind wir in zwei Stunden daheim bei Muttern, was?
2. HERR: Hoffentlich. Hoffentlich sind wir das.
1. HERR: Sie meinen, wenn wir Pech haben und nicht mehr mitkommen.
2. HERR: Ich meine erst recht, wenn wir das zweifelhafte Glück haben und doch mitkommen sollten.
1. HERR *befremdet, unsicher:* Wieso – wie meinen Sie das?
2. HERR: Nun, ich frage mich, ob man es sich wünschen sollte, noch mitzukommen. Haben Sie nicht den Wetterbericht gehört?
1. HERR: Nein. Was sagt der Wetterbericht?

2. HERR: Daß auf unserer Strecke das schrecklichste Unwetter seit Jahren tobe. Es ist eher ein Unwetterbericht. Gewitter, Hagel ... Hagelkörner in der Größe von Tiroler Speckknödeln. Ich weiß nicht, ob Sie mal in Tirol waren –
1. HERR *bange:* Doch ... doch ...
2. HERR: Der Pilot des Gegenflugzeugs hat vorhin durchgegeben, daß ihm gerade die ganze Funkanlage durch Kugelblitz zerstört worden sei.
1. HERR: Ein Kugelblitz!
2. HERR: Ja. Die Antennen seien geschmolzen wie Butter.
1. HERR: Butter ... das ist ja entsetzlich. Und dann –
2. HERR *achselzuckend:* Seither hat man nichts mehr von der Maschine gehört ... erklärlich.
1. HERR *zittert etwas:* Sie vermuten –
2. HERR: Nun, dazu bedarf es keiner übermäßig ausgeprägten Phantasie.
1. HERR: Sie sagen es. – Und wir?
2. HERR: Nur Ruhe. Vielleicht schaffen wir es. Mit unseren drei Triebwerken.
1. HERR *sehr nervös:* Drei? Wieso drei?
2. HERR: Es gehen hier auf dem Flughafen Gerüchte um ... das zweite Triebwerk von links soll ausgefallen sein ... die Zündkerzen vergasen nicht mehr ... oder so ähnlich ... ich bin kein Techniker ...
1. HERR: Und mit einem solchen Schaden wird geflogen?
2. HERR *achselzuckend:* Der Kapitän will auch nach Hause.
1. HERR: Unser Kapitän ... war das der breitschultrige Dunkle mit den vier Streifen, der vorhin hier vorbeigegangen ist?
2. HERR: Ja. Wissen Sie, der sich am Zeitungsstand die dicke Lesebrille aufgesetzt hat, um die Schlagzeilen zu erkennen.
1. HERR: Hat er das? Wirklich? So ... *er nimmt seinen*

Koffer. Mir fällt gerade ein, daß ich hier noch geschäftlich zu tun habe. Leider. Dringend. Ich werde wohl erst morgen früh fliegen. Wahrscheinlich.

2. HERR: Wie schade.

1. HERR: Es ist mir gerade noch rechtzeitig eingefallen. Ein unaufschiebbarer Termin. Also dann, auf Wiedersehen ... und guten, guten Flug. *Entfernt sich schnell und geht ab.*

DAME *dreht sich zum 2. Herrn um:* Entschuldigen Sie ... haben Düsentriebwerke wirklich Zündkerzen?

2. HERR: Das halte ich für sehr unwahrscheinlich.

DAME: Hat unsere Maschine nicht ohnehin nur drei Triebwerke?

2. HERR: Das ist vollkommen richtig.

DAME: Gibt es wirklich ein Unwetter mit Hagelkörnern in der Größe von Tiroler Speckknödeln?

2. HERR: Davon kann keine Rede sein. Ein so stabiles Hochdruckgebiet wie augenblicklich hatten wir schon lange nicht.

DAME: Ja aber warum –

2. HERR: Eine reine Vorsichtsmaßnahme, gnädige Frau. Der Herr stand vor mir auf der Warteliste!

2. »Emil, die Polente kommt«

Personen: EMIL *und* EDE, *zwei Ganoven*

Zubehör: Ein Beutel oder ein großes Tuch mit »Juwelen« (aus Steinchen, zurechtgebogenen Drahtstückchen, Matratzenkettchen usw.).

EDE *und* EMIL, *die beide Phantasie und Redegewandtheit besitzen sollten, kommen eilig und leise hereingehuscht,*

evtl. nach Diebesart vermummt, und blicken sich mißtrauisch um. Dann beruhigen sie sich:
»Komm, Ede, hier sind wir sicher, hier können wir teilen.«
»Okay, teilen wir!« *Sie entfernen ihre Maskierung, lassen sich am Boden nieder, und der eine zieht einen Beutel (Tuch) mit den frisch erbeuteten Juwelen hervor, die er zwischen den beiden am Boden ausbreitet:*
»Mann, d a s war wieder ein Fischzug!«
»Klasse, wie wir den Tresor geknackt haben!«
»Na los, hier die Kette kriegst du ...«
»Und die Brosche hier du ...«
»Und du wieder den Ring hier ...« *usw. Sie teilen die Beute eine Zeitlang einträchtig unter sich auf – dann aber bahnt sich ein Streit an:*
»Eh, den Saphir kriege ich!«
»Wieso du? Jetzt bin i c h dran!«
»Dran oder nicht, den Saphir kriege i c h !«
»Nix da! Wir haben bis jetzt immer ehrlich geteilt, also kriege i c h den Saphir! Wer von uns hat denn die Sache ausbaldowert, du oder ich?«
»Ha, und wer hat die Alarmanlage ausgeschaltet?«
»Und wer den Tresor aufgeknackt?«
»Und wer den Wachmann abgelenkt?«
»Und wer unsern Rückzug gedeckt? Los, her mit dem Klunker!«
»Denkste! Der Klunker steht m i r zu! Los, gib ihn her, sonst ...«
»Sonst ...?«
»Sonst lang ich dir eine, daß du deine Zähne bald einzeln zwischen den Klunkern heraussuchen kannst ...!«
»Ha, das kannst du eher haben! Hier – peng!«
Ein Kinnhaken, und Emil, voll getroffen, kippt ohnmächtig um. Betroffen guckt Ede ihn an, reibt sich verlegen die

Knöchel, will dann fortfahren, die Beute zu teilen, stockt aber bald:

»Du, Emil – das hab ich doch nicht so gewollt! Komm, vergessen wir unseren Streit, wach schon auf!« *Aber Emil bleibt weiter bewußtlos.*

»Och Emil, nun sei doch kein Spielverderber, stell dich nicht tot!« *Klopft ihm auf die Wangen, um ihn aufzuwecken, aber vergebens.*

»Komm, Emil, du kriegst auch den Klunker, aber wach wieder auf!«

Nichts, Emil bleibt ohne Bewegung.

»Also Emil, das kannst du mir doch nicht antun! Wach doch endlich auf! Was soll ich denn ohne dich machen? Nicht mal teilen kann ich ohne dich ... Hier, du kriegst auch zwei Drittel von unserer Beute!«

Alles zwecklos – Emil bleibt weiter k. o.

»Mensch, Emil – denk doch mal zurück an all die tollen Dinger, die wir zusammen gedreht haben! Weißt du noch, damals, in der Bank, wie wir den Kassierer verdummdeubelt haben, mit der ungeladenen Pistole? Oder damals, in dem Pelzgeschäft, wo wir die Polizei so schön an der Nase geführt haben? ... Mensch, Emil, soll das jetzt alles vorbei sein? Komm, wach doch auf!«

Nichts, Emil liegt weiter wie tot.

»Emil, wirklich: Diesmal sollst du die komplette Beute kriegen, hier, alles zusammen!« *Schiebt es ihm hin.* »Aber wach um Himmels willen wieder auf!«

Nichts, noch immer keine Reaktion.

»Mensch, Emil – denk doch mal zurück an unsere gemeinsamen Zeiten im Knast! So viele Jahre zusammen in einer Zelle, und jetzt, wegen so eines läppischen Steinchens, soll alles vorbei sein? Mann, wir waren doch so prima aufeinander eingespielt – wo gab's denn zwei Gauner, die sich so prächtig verstanden? Und jetzt soll ich ganz alleine weitermachen? – Emil, auch bei unserm

n ä c h s t e n Einbruch sollst du die gesamte Beute kriegen
– ist das ein Angebot oder nicht?«
Immer noch keine Bewegung des Liegenden – Ede ist am Ende seiner Weisheit. Dann aber dämmert ihm plötzlich eine Idee. Händereibend schlägt er das Tuch über den Schätzen zusammen, steckt sie ein und steht auf. Listig ins Publikum zwinkernd, rennt er plötzlich von der Bühne und ruft, im Laufen zu Emil zurückgewandt und mit äußerster Erregung: »Emil, die Polente kommt!«
Da springt der vermeintlich bewußtlose Emil wie ein Blitz vom Boden hoch und rennt hinterher!

3. Die berechtigte Ohrfeige

Es spielen: Zwei Freunde

DER EINE: Sag mal, stimmt das denn eigentlich, was man sich über dich erzählt?

DER ANDERE: Wieso, was erzählt man sich denn über mich?

DER EINE: Du sollst neulich in der Straßenbahn einer dir völlig fremden Frau eine Ohrfeige gegeben haben.

DER ANDERE: Ach so, das! Ja, ja, das stimmt schon. Das tat ich tatsächlich.

DER EINE: Na, aber hör mal, wie kommst du denn zu solchen Manieren?

DER ANDERE: Wie ich dazu kam – ja, das will ich dir sagen; ich sitze da neulich in der Straßenbahn und fahre nach Hause. Da steigt eine Frau ein und setzt sich mir gegenüber. Der Schaffner kommt und verlangt die Fahrkarten. Sie macht das Handtäschchen auf, nimmt die Geldbörse heraus, macht das Handtäschchen zu, macht die Geldbörse auf, nimmt eine

Mark heraus, macht die Geldbörse zu, macht das Handtäschchen auf, legt die Geldbörse hinein, macht das Handtäschchen zu. Der Schaffner gibt ihr die Fahrkarte und das Wechselgeld. Sie macht das Handtäschchen auf, nimmt die Geldbörse heraus, macht das Handtäschchen zu, macht die Geldbörse auf, legt das Geld hinein, macht die Geldbörse zu, macht das Handtäschchen auf, legt die Geldbörse hinein, macht das Handtäschchen zu. In diesem Moment sieht sie die Fahrkarte auf ihrem Schoß. Sie macht das Handtäschchen auf –

DER EINE: Um Gottes willen! Hör auf!

DER ANDERE: Nein, sie hört nicht auf: Sie nimmt die Geldbörse heraus, macht das Handtäschchen zu, macht die Geldbörse auf, legt die Fahrkarte hinein, macht die Geldbörse zu –

DER EINE: Hör auf, ich werde irrsinnig!

DER ANDERE: macht das Handtäschchen auf, legt die Geldbörse hinein, macht das Handtäschchen zu.

DER EINE: Gott sei's gedankt!

DER ANDERE: Da kam der Kontrolleur. Sie macht das Handtäschchen auf, nimmt die –

DER EINE *stürzt verzweifelt auf den anderen zu und gibt ihm eine Ohrfeige.*

DER ANDERE: Du hast eben keine Nerven; ich gab ihr die Ohrfeige erst, als sie in denselben Wagen umstieg wie ich.

4. Der Milchtopf

Zwei Jungen, ein irdener Henkeltopf

JUNGE A *von rechts.*
JUNGE B *von links.*
  Beide bleiben stumm, aber herausfordernd voreinander stehen.
JUNGE A: Na?
JUNGE B: Na?
JUNGE A *grob:* Was hast 'n da?
JUNGE B *ebenso:* Siehst de doch – – 'n Topp!
JUNGE A: For was?
JUNGE B: Geht dich nischt an!
JUNGE A: Du! Werd nich frech!
JUNGE B: So frech wie du kann keener werd'n!
JUNGE A: Du! Soll ich dir vielleicht deinen Topp zertrümmern?
JUNGE B: Mach's doch!
JUNGE A: Dann heulste!
JUNGE B: Ich? – – und heulen? Nich die Bohne – – bin doch nicht du! Mach's doch – – aber du traust dich ja doch nich!
JUNGE A: Ich knall deinen Topp runter – – und du heulst – – garantiert!
JUNGE B: Denkste! Nee – – ich heul nich!
JUNGE A *drohend:* Paß auf! Ich mach's – –
JUNGE B: Na, traust du dich?
JUNGE A *holt aus und schlägt den Topf herunter, er zerspringt.*
JUNGE A *platt:* Du heulst wirklich nich?
JUNGE B *lacht:* Nee – – denn den Topp hat sich nämlich meine Mutter eben erst von deiner Mutter geborgt!
  Licht aus.

5. Eulenspiegel und die Metzger

Die Spieler: EULENSPIEGEL, DER METZGER VEIT, DER METZGER KLAUS, DIE EIERFRAU, DIE GEMÜSEFRAU, DER VORNEHME HERR, JOHANN, *Diener*, DIE ERSTE HAUSFRAU, DIE ZWEITE HAUSFRAU, EIN JUNGE, EIN MÄDCHEN, DER BÜTTEL

EULENSPIEGEL: Zu Erfurt in der schönen Stadt
ich auch ein froh Erlebnis hatt'.
Am Markttag war's, wo jedermann,
der Geld hat, sich was kaufen kann.
Mich hungert's nach 'nem Braten sehr,
doch war mein Beutel leider leer.
Zwei Metzger führt' ich an der Nas',
und das gab einen Riesenspaß.
Eulenspiegel springt beiseite. Die Spielfläche ist einige Sekunden leer, dann kommen die dicken Metzger Veit und Klaus mit ihren Fleischkörben und eine Eier- und eine Gemüsefrau mit ihren großen Körben. Sie stellen sich auf, packen einen Teil ihrer Waren aus und warten auf die Käufer.

DER METZGER VEIT: Aber das sage ich dir, mein lieber Klaus, preise nur nicht deine schlechte Ware wieder so laut an wie beim letzten Markttag, sonst setzt es einmal Prügel.

DER METZGER KLAUS: Ich tue, was mir beliebt, Freund Veit, und werde dir gleich aufs Maul klopfen, wenn du meine Ware noch einmal schlecht machst.
Will auf Veit losgehen.

DIE EIERFRAU: Nun seht euch diese Mannsbilder an. Sie können doch nicht einen Augenblick Frieden halten!

DIE GEMÜSEFRAU: Hört auf, ihr Streithähne, die ersten Käufer kommen.

Es kommen nacheinander: zwei Frauen mit Einholekörbchen, ein Junge, ein Mädchen und ein vornehmer Herr mit Diener. Sie verteilen sich auf die Stände der beiden Frauen und des Metzgers Veit. Bei Klaus gehen sie vorbei. Nun wird gefeilscht und gekauft. Die Zuschauer hören Teile der Gespräche.

DER METZGER VEIT *zum vornehmen Herrn:* Ein Kalbsbraten, hochedler Herr, wie Ihr ihn nicht besser haben könnt.

DER VORNEHME HERR: Ist das Fleisch auch wirklich zart, guter Meister?

DER METZGER VEIT: Es wird Euch auf der Zunge zergehen.

DER VORNEHME HERR: Dann gebt meinem Johann drei gute Pfunde.

DIE ERSTE HAUSFRAU *zur Eierfrau:* Die Eier sind aber kleiner als in der vorigen Woche, gute Frau.

DIE EIERFRAU: Dafür sollt Ihr auch auf die Mandel[1] drei Stück draufbekommen.

DIE ERSTE HAUSFRAU: Sind sie auch wirklich frisch?

DIE EIERFRAU: Wie immer.

DIE ERSTE HAUSFRAU: Dann tut mir eine Mandel in den Korb.

DIE GEMÜSEFRAU *zum Mädchen:* Hier ist der Rotkohl für die Frau Mutter.

DER METZGER VEIT *zur zweiten Hausfrau:* Diese Wurst wird Euch gewiß gut munden.

DER JUNGE *zur Eierfrau:* Ich möchte drei Eier.

Eulenspiegel kommt, geht langsam an den Ständen vorbei und bleibt schließlich – etwas zögernd – vor dem leeren Stand des Metzgers Klaus stehen.

DER METZGER KLAUS *laut anpreisend:* Hier gibt es das beste Fleisch von ganz Erfurt! Wie wäre es, Euer

---

1. altes Zählmaß: 15 Stück.

Gnaden, wollt Ihr nicht einen schönen Braten mit nach Hause nehmen?
EULENSPIEGEL: Was soll ich mitnehmen?
DER METZGER KLAUS *zeigt ihm ein Stück Fleisch:* Diesen herrlichen Schweinsbraten.
EULENSPIEGEL: Nun, wenn Ihr meint, Meister, so gebt ihn her.
Der Metzger reicht Eulenspiegel den Braten.
EULENSPIEGEL: Ich danke Euch, guter Meister.
Will gehen. Der Metzger läuft hinter ihm her, hält ihn am Rockzipfel fest und ruft.
DER METZGER KLAUS: Haaalt! Wollt Ihr denn nicht bezahlen?
EULENSPIEGEL *ganz unschuldig:* Von der Bezahlung habt Ihr mir doch nichts gesagt. Ihr batet mich nur, den Braten mit mir zu nehmen.
DER METZGER KLAUS *empört:* Aber doch nicht, ohne ihn zu bezahlen. Gebt mir nun das Geld, oder ich verlange den Braten zurück.
EULENSPIEGEL *ganz ruhig:* Mitnichten! Geschenkt ist geschenkt.
Zum Metzger Veit:
Könnt Ihr das nicht bezeugen, guter Freund?
DER METZGER VEIT *hämisch:* Ich schwöre einen heiligen Eid darauf, daß er Euch das Fleisch aufgedrängt hat, ohne ein Wort von Bezahlung zu reden.
DER VORNEHME HERR: Ja, dann gehört das Fleisch gewiß dem Fremden.
EULENSPIEGEL *spöttisch:* Seht Ihr, lieber Meister, gut Recht muß gut Recht bleiben. Ich danke Euch nochmals.
Ab.
DER METZGER KLAUS *will auf Metzger Veit losgehen, der sich vergnügt die Hände reibt:* Ich schlage dir alle Zähne aus dem Gesicht, du Neidhammel.

DER METZGER VEIT *krempelt sich die Hemdsärmel hoch:*
Hoho, dann komm einmal her, du Prahlhans!
DER BÜTTEL *kommt:* Auseinander, ihr Streithähne!
Denkt an den Marktfrieden, sonst muß ich euch in
Gewahrsam nehmen.
Der Marktbetrieb geht weiter.
DIE ZWEITE HAUSFRAU *zum Metzger Veit:* Gebt mir diese
Rindszunge, Meister.
DAS MÄDCHEN *zur Eierfrau:* Ich soll noch sechs Eier
mitbringen.
EULENSPIEGEL *kommt noch einmal zurück und geht auf
den Metzger Veit zu:* Ich habe mir überlegt, daß der
Braten, den mir Euer Nachbar dort geschenkt hat, für
meine Gäste nicht ausreichen wird.
DER METZGER VEIT: Da wollt Ihr gewiß noch etwas von
mir dazukaufen.
EULENSPIEGEL: Ihr habt es erraten, Meister, und weil Ihr
mir soeben so freundlich beistandet, will ich Euch
jetzt auch gefällig sein.
DER METZGER VEIT *zeigt ihm ein Stück Fleisch:* Dies hier
ist ein sehr schöner Braten.
EULENSPIEGEL *greift zu:* Ja, der gefällt mir, den nehme
ich.
DER METZGER VEIT: Halt, halt, erst müßt Ihr bezahlen!
EULENSPIEGEL: Gewiß, gewiß, Meister, wo denkt Ihr
denn hin? Ich will den Braten nicht eher anrühren und
mitnehmen, bevor Euch meine Worte gefallen. Seid
Ihr einverstanden damit?
*Alle anderen Verkäufer und Marktbesucher passen
auf.*
DER METZGER VEIT: Ja, das ist mir recht.
EULENSPIEGEL *zieht einen Beutel aus der Tasche und hält
ihn vor den Metzger; zum Beutel:* Wohlauf, Herr Beu-
tel, bezahle die Leute!

Nun, wie gefallen Euch diese Worte, Meister? Behagen sie Euch nicht?

DER METZGER VEIT: Diese Worte gefallen mir wohl und berühren mich angenehm.

EULENSPIEGEL *nimmt mit einem schnellen Griff den Braten an sich; zu den Umstehenden, besonders zum Metzger Klaus:* Liebe Freunde, ihr seid Zeugen, die Worte gefielen ihm, und der Braten ist mein.
Will gehen. Metzger Veit will ihm den Braten wieder entreißen.

DER METZGER VEIT: Gib mir den Braten zurück, du Betrüger!

DER METZGER KLAUS: Oho, ich kann es beschwören, bei meiner Seelen Seligkeit, daß der Fremde im Recht ist.

EULENSPIEGEL *im Abgehen:* Na, dann nichts für ungut, Freunde, lebt wohl.
Greift sich den Jungen.
Komm mit, Bürschlein, ich will dir eine lustige Mär erzählen.
Ab mit dem Jungen. Nach und nach gehen auch die anderen Marktbesucher lachend ab.

DIE GEMÜSEFRAU *geht auf die Eierfrau zu und zeigt auf die beiden Metzger:* Da haben die beiden einmal zusammen in den gleichen sauren Apfel beißen müssen.

DIE EIERFRAU: Das freut mich aufrichtig, Frau Nachbarin.

DIE BEIDEN METZGER *wie aus einem Munde:* Schweigt still, ihr Klatschbasen!

DER METZGER VEIT: Sonst könnte es Rührei geben.

DIE EIERFRAU *mit der Gebärde des Kratzens:* Davon rate ich dir ab, wenn dir deine Augen lieb sind.

DER JUNGE *kommt angelaufen, laut:* Ich soll den beiden Metzgermeistern einen recht schönen Gruß vom Junker Eulenspiegel ausrichten, und er hätte schon besseres, wenn auch nicht billigeres Fleisch gekauft.

DER METZGER KLAUS: Was, der Eulenspiegel?
DER METZGER VEIT: Der Eulenspiegel hat uns genasführt?
Die beiden Frauen stemmen die Hände in die Hüften und lachen aus vollem Halse.
DIE GEMÜSEFRAU: Da hört ihr es, sie sind dem Eulenspiegel auf den Leim gegangen!
DER METZGER KLAUS *packt seine Sachen zusammen:* Kommt, Freund Veit, wir wollen ihm nacheilen, vielleicht erwischen wir ihn noch.
DER METZGER VEIT *tut es ihm nach:* Dann aber Gnade ihm!
Beide eilen ab.
DIE EIERFRAU: Da hat der Erzschelm die Schelmen einig gemacht. Glaubt Ihr, Frau Nachbarin, daß sie ihn erwischen?
DIE GEMÜSEFRAU: I wo, sonst müßte er nicht Eulenspiegel heißen!
Langsam gehen auch die beiden Frauen ab.

6. Ein Drehtag im Studio

Personen: DER ANSAGER, DER REGISSEUR, DER KAMERAMANN, DER BELEUCHTER
Als Darsteller: DIE FÖRSTERSTOCHTER, DER JUNGE JÄGER, DER WILDERER, DER ARZT, *zwei bis vier* LEICHENTRÄGER

Zubehör: Ein Gewehr für den Wilderer, ein »Drehbuch« (Telefonbuch) für den Regisseur, eine Filmkamera (selbstgebastelt), mehrere Taschenlampen, weißer Kittel und Brille für den Doktor, ein Besen, Wischtuch, Kanne oder sonst ein Haushaltsgerät.

Der Ansager tritt auf und verbeugt sich: Hochverehrte Gäste! Im Namen unserer Schnulzofix-Filmproduktion

(oder sonst ein lustiger Name) heiße ich Sie herzlich in unserem Studio 13 willkommen. Sie werden nun Zeugen sein bei den Dreharbeiten zu dem erschütternden Heimatfilm »Wo der Rothirsch jodelt« *(oder sonst ein drolliger Titel)*, und ich hoffe, daß es für Sie ein paar lehrreiche Stunden sein werden.
Zunächst aber darf ich Ihnen die wichtigsten Personen vorstellen, die an diesem Meisterwerk beteiligt sind: Da haben wir zunächst den Regisseur des Films, mit seinem dicken Drehbuch ...
Der Regisseur, mit einem Telefonbuch unter dem Arm, tritt vor und verneigt sich; am besten trägt er einen dunklen Augenschirm oder eine ebensolche Brille gegen das grelle Licht der Atelierlampen.
Dann hätten wir, zweitens, hier den Beleuchter ...
Der Beleuchter tritt vor, von oben bis unten mit Taschenlampen behängt, mindestens aber mit einer Lampe in jeder Hand, und leuchtet kurz ins Publikum.
Und hier unser Kameramann ...
Der Kameramann erscheint; er trägt eine selbstgebastelte Kamera (Pappkarton mit vorn herausguckendem Flaschenboden oder Wasserglas und evtl. einer beweglichen Kurbel) und visiert probeweise die Zuschauer an.
So, und nun zu unseren Darstellern! Da haben wir als erste unsere charmante Hauptdarstellerin Eulalia Flennewein – sie spielt in diesem Film die Förstersochter Vroni!
Die Genannte erscheint, macht einen Knicks und tritt wieder zurück.
Dann ihren feurigen Liebhaber, den jungen Jägersmann, gespielt von Fridolin Kosebald ... *Der junge Schönling wirft eine Kußhand ins Publikum –* ... und hier natürlich, nicht zu vergessen, seinen grimmigen Widersacher, den Wilderer Kaspar Finsterwald! *Auch er, mit aufgemaltem schwarzem Bart und einem Gewehr in der*

Hand, vielleicht sogar mit schwarzer Augenmaske, erscheint, starrt finster ins Publikum und tritt wieder ab.
Ferner noch, wie das leider bei tragischen Szenen nicht zu umgehen ist, den Doktor... *Der Doktor erscheint, mit Brille und weißem Kittel, und lächelt milde –* ... und zu guter Letzt noch ein paar Leichenträger, die natürlich Statisten sind.
Sie erscheinen, zeigen ihre Leichenbittermienen und verschwinden wieder.
So, nun überlasse ich Sie diesem erfahrenen Filmteam und wünsche Ihnen viel Spaß bei unserem Drehtag im Studio 13!
Er tritt ab, und der Regisseur, ein Mann mit großer Redegabe, wendet sich sofort an seine Mitarbeiter: So, Leute, kommt mal alle zusammen! Ihr wißt ja, wir drehen heute die wichtigste Szene des Films, die Ermordung des Liebhabers durch den hinterlistigen Wilderer – also strengt euch an! Alles übrige kennt ihr ja schon aus dem Drehbuch – am besten spielen wir die Szene gleich durch! – Kamera fertig?
Der Kameramann hebt seine Maschine, richtet sie auf die Bühne und nickt.
Scheinwerfer fertig? *Der Beleuchter knipst seine Lampen an, richtet sie auf die Szene und nickt, und von nun an folgen beide mit ihren Geräten den Bewegungen der Darsteller so unauffällig wie möglich – jedenfalls sollten sie nie von den Vorgängen auf der Bühne ablenken oder sie gar für die Zuschauer verdecken.*
Also: Ab!
Die Förstertochter, allein auf der Bühne, ist mit irgendeiner Hausarbeit beschäftigt – sei es, daß sie den Boden fegt, daß sie, auf einem Stuhl oder Schemel sitzend, mit dem Staubtuch eine Kanne wienert, die sie vor sich auf dem Schoß hält, oder mit sonst einer fraulichen Tätigkeit.

Dabei singt sie gefühlvoll ein »Küchenlied« vor sich hin, am besten: »Sabinchen war ein Frauenzimmer, gar hold und tugendhaft...«
Weiter kommt sie nicht: Schon fliegt die Tür auf, und herein stürzt liebestrunken der junge Jäger, ruft entzückt: Vroni! *und eilt mit ausgebreiteten Armen auf sie zu. Vroni läßt vor Überraschung Kanne oder Besen fallen, eilt ihm mit dem Jubelruf:* Liebling! *entgegen, und beide fallen sich in die Arme.*
Kaum stehen sie eng umschlungen in der Mitte der Bühne, da pirscht sich der Wilderer durch die Tür herein, sieht das umschlungene Paar, hebt haßerfüllt seine Flinte, schießt mit lautem Peng *den Liebhaber in den Rücken und ist sofort wieder verschwunden.*
Der Jäger sinkt entseelt aus Vronis Armen – erschrocken starrt sie auf ihn nieder, schreit dann gellend: Doktor! *und rennt aus dem Zimmer. Sofort erscheint aus der gleichen Richtung der Doktor, kniet sich hastig neben den Toten, fühlt ihm den Puls, horcht an seiner Brust, ruft resigniert:* Träger! *und verschwindet sogleich, um die Träger vorbeizulassen, die eilfertig hereinschwärmen, den Toten an Armen und Beinen packen und hinausschleppen.*
Damit ist die Bühne wieder leer, die Szene vorbei, und der Regisseur tritt von neuem hervor:
Leute, kommt alle mal her – das war also gar nichts! So kann man doch kein Kinopublikum begeistern! Das war viel zu gefühllos gespielt, viel zu trocken! Bedenkt doch, es geht um den tragischen Höhepunkt der ganzen Geschichte, um den Tod des geliebten Helden, um Blut und Tränen! Also bitte, jetzt, beim zweitenmal, ein bißchen mehr Gefühl, ein bißchen mehr Tragik und Trauer, ein bißchen mehr Druck auf die Tränendrüsen, daß die Omas im Publikum ihr Taschentuch naßheulen, klar?

Die Darsteller nicken, nehmen wieder ihre Ausgangsplätze ein, und die Szene wird von neuem durchgespielt, diesmal unter herzzerreißendem Weinen, Schluchzen, Schniefen und Augenwischen aller Beteiligten: Vroni kann vor lauter Geschluchze kaum singen, der Jäger ruft sein Vroni! mit tränenerstickter Stimme, der Wilderer muß sich erst seine Augen ausreiben, ehe er zielen und schießen kann, und auch der Doktor muß sich erst die tränenfeuchte Brille putzen, ehe er den Puls des Liegenden findet. Sonst aber bleibt die Handlung genau die gleiche, und wieder werden dieselben fünf Worte dazu gerufen: Vroni – Liebling – Peng – Doktor – Träger, *sonst nichts.*

Aber auch mit diesem Durchgang ist der Regisseur noch nicht zufrieden: Herrschaften, alle mal wieder hierher! Das war schon nicht übel, aber immer noch nicht das Richtige! Da muß noch erheblich mehr Tempo hinein! Tempo ist das Motto unserer Zeit, Dynamik das Gebot der Stunde! Also jetzt das Ganze mal ein bißchen flotter, zügiger, kapiert? Alles an die Plätze – Kamera und Scheinwerfer fertig! – Also denken Sie an Tempo! Los!

Wieder die Szene, diesmal ohne Tränen, aber statt dessen mit irrsinniger Geschwindigkeit, ein einziger Wirbel – binnen 10 Sekunden muß alles vorbei sein.

Doch der Regisseur bleibt weiter unwirsch: Na ja, Leute, das war zwar schon besser, aber immer noch nicht ganz das Wahre. Wie wär's denn, wenn wir den Stoff mal ins Heitere drehten? Schließlich wollen die Leute im Kino auch lachen, wollen sich mal köstlich amüsieren, und auch eine Mordszene muß man nicht immer so tragisch nehmen. Ein bißchen schwarzer Humor kann gar nicht schaden – wollen wir das mal versuchen? Alles ein bißchen ins Komische ziehen, nicht so ganz ernst nehmen, ruhig einen Schuß Humor hinein – klar? Also los!

Diesmal also die Szene mit pausenlosem Gelächter, unter

ausgelassenem Wiehern, Quieken, Johlen und Schenkelklatschen, sonst aber ganz wie zuvor.
Dennoch rümpft der Regisseur die Nase: Schön und gut, Herrschaften, aber damit können wir noch immer keinen Blumentopf gewinnen. Wir müßten uns mal etwas einfallen lassen, das es noch gar nicht gegeben hat, etwas umwerfend Neues, wo die Kritiker Nasen und Ohren aufsperren ... Hm, was könnte man denn da mal nehmen ...?
Grübelnd tigert er ein Weilchen auf und ab. Dann: Hach, jetzt hab ich's! Wir verfremden die Szene! Jawohl, wir machen's modern, mit Verfremdungseffekt: Ihr seid allesamt schwerhörig!
Alle: Waaas?
Der Regisseur, brüllend, die Hände als Schalltrichter um den Mund gelegt: Ihr seid schwer-hö-rig!
Alle, verstehend: Ahhh!
Los, auf die Plätze! *Und da mehrere die Hand hinter die Ohren legen und fragend hm? machen, muß er ein zweitesmal donnern:* Auf - die - Plät - ze! *Da kapieren auch die Schwerhörigsten, was er meint, und die Szene rollt abermals ab, diesmal aber verzögert durch die mehrfache Wiederholung jedes einzelnen Wortes, das der Partner erst kapiert, nachdem es ihm zwei- oder dreimal mit wachsender Lautstärke ins Ohr gebrüllt wurde. So umarmen sich die beiden Liebesleute erst dann, als sie mehrmals Vroni oder Liebling gerufen haben, und auch der Mörder muß einige Male peng! schreien, ehe der Liebhaber sich getroffen fühlt und tot umfällt. Der Doktor bohrt sich erst das Ohr aus, ehe er an der Brust des Toten horcht und dort keinen Herzschlag mehr feststellt, und die Totenträger muß er geradezu auf die Bühne zerren und zu dem Toten hinstoßen, ehe sie begreifen, was sie sollen.*
Entsprechend sauer ist der Regisseur: Nein, Leute, da waren zuviel Wiederholungen drin! Da würde ja das

Publikum in Scharen aus dem Kino rennen, wenn es zehnmal dasselbe zu sehen bekäme! Nein, wir müssen was anderes finden, eine Grundidee, die noch nie da war, was Sensationelles ... Ha, jetzt weiß ich's: ihr seid alle blind! Kapiert? Ihr seid blind. Los, an die Plätze!

Großes Durcheinander – keiner findet seinen Platz. Der Kameramann visiert mit geschlossenen Augen das Publikum an, der Beleuchter blendet den Regisseur, der ihn fluchend in eine andere Richtung dreht, die Heldin setzt sich verkehrt herum auf den Stuhl oder fegt irrtümlich den Kameramann von der Bühne – kurz, der Regisseur hat alle Mühe, seine Darsteller auf die richtigen Plätze zu stellen.

Dann spult sich die Szene zum fünftenmal ab, aber wieder mit allerlei Pannen: Die Liebenden finden einander nicht, rennen mit ausgebreiteten Armen aneinander vorbei, Vroni umarmt aus Versehen den Regisseur, der Jäger den Kameramann oder Beleuchter; der Mörder muß erst den Rücken des Jägers betasten, ehe er sein Peng! hineinschießt, und der Doktor rutscht tastend am Boden herum und findet zunächst statt des Armes den Fuß des Toten, dem er den Puls fühlen will, stößt ihn dann unwirsch zurück, um den Arm zu ertasten, und die Träger packen irrtümlich zunächst den Doktor, lassen ihn dann fahren, ziehen aber die Leiche an Armen und Beinen in verschiedene Richtungen, ehe sie sich einig werden und sie einträchtig wegschleppen.

Diesmal platzt dem Regisseur der Kragen: Aus, aus! Das ist ja zum Wahnsinnigwerden! So etwas wollt ihr den Leuten im Kino anbieten? Ihr seid samt und sonders Flaschen, Nieten, Stümper! Und mit solchen Amateuren soll ich einen unsterblichen Heimatfilm drehen? Geht an die Kasse und zahlt eure Gagen zurück! Für heute machen wir Schluß; geht nach Hause und schämt euch, und morgen drehen wir den ganzen Mist noch mal!

Denkbar wäre auch ein Durchgang, bei dem alle betrunken sind, torkeln und lallen. Er könnte dann an die Stelle der »Schwerhörigen« treten.

7. Das Spiel vom weisen Kadi

Die Spieler: DER KADI, MEHRERE BEISITZER DES GERICHTS, DER KAUFMANN, DER WASSERTRÄGER, DER GERICHTSDIENER, FREUNDE DES KAUFMANNS, VOLK

Links, schräg zu den Zuschauern, steht ein Tisch, mit einem Teppich oder mit einigen Kissen bedeckt.
Es betreten die Bühne: Kadi, Beisitzer, Kaufmann mit Freunden, Wasserträger und Volk. Kadi und Beisitzer nehmen im Türkensitz auf dem Tische Platz. Ihnen gegenüber nehmen die übrigen Aufstellung. Kadi und Beisitzer zählen Geld in einen Beutel, Gerichtsdiener kommt mit Schriftrollen für die Beisitzer, lebhafter Meinungsaustausch beim Volk.
Auf ein Zeichen des Kadi ruft der

GERICHTSDIENER: Schweigt alle still! Der Kadi spricht.
 Alles verstummt und verneigt sich vor dem Gericht.
KADI: Erschienen sind vor dem Gericht
 hier Ibn el Saadi als der Kläger,
 dort Ibrahim, der Wasserträger.
 Er ist in diesem Fall Beklagter.
 Die Klage lautet, daß Besagter
 den Kläger durch infame Lügen
 um zehn Denare will betrügen. –
 Du bist der Kaufmann Ibn el Saadi?
KAUFMANN *tritt vor, unterwürfig:*
 Du sagst es, o erhabner Kadi.

KADI: So äußre dich zu deiner Klage!
KAUFMANN: Herr, Allah weiß, daß, was ich sage,
nichts als die lautre Wahrheit ist.
Ich hatte grad vor Stundenfrist
den Beutel voller Golddenare,[2]
der hier nun vorliegt, im Bazare,
ich weiß nicht, wie es kam, verloren.
Ich ließ alsbald zu aller Ohren
durch Ausruf den Verlust verkünden.
Dem, der den Beutel würde finden,
versprach ich zehn von den Denaren,
die, wie gesagt, darinnen waren.
Da kommt mir jener Mensch ins Haus
und gibt sich als den Finder aus.
Ich lasse mir den Beutel zeigen
und seh auch gleich, er ist mein eigen.
Der Wasserträger gibt dem Kadi lebhafte Zeichen, daß er sprechen möchte.
Nun aber ...
KADI: Sprich nicht weiter, Kläger,
denn Ibrahim, der Wasserträger,
erbittet hier das Wort bereits.
WASSERTRÄGER: Ja, Herr, ich klage meinerseits.
Vor etwa einer Stunde war's,
als im Gewimmel des Bazars
vor eines Teppichhändlers Stand
im Staub ich jenen Beutel fand.
Ich hatt' ihn eben aufgehoben,
als schon sich durch die Menge schoben
die Rufer mit der guten Kunde.
Wie war ich froh mit meinem Funde!
Ich ließ im Stich Geschäft und Ware
und eilte fort aus dem Bazare.
Nie lief ich schneller, auf mein Wort!

2. Goldmünzen.

KADI: Ich glaub es dir, doch fahre fort.
WASSERTRÄGER: Ich lief zu jenes Kaufmanns Haus,
und unterwegs malt' ich mir aus,
wie ich mit jenen zehn Denaren,
die mir als Lohn versprochen waren,
mir ein Geschäft begründen würde.
Denn, Herr, des Wassertragens Bürde
wird meinem alten Buckel schwer.
Der Herr dort freute sich auch sehr,
als er sein Eigentum erblickte,
so sehr, daß er mich fast erdrückte.
Den Beutel leert' er gleich in Eil',
und ich erwartete mein Teil.
KADI: Und du bekamst es sicherlich?
WASSERTRÄGER: Herr, so denkst du, so dacht' auch ich.
Er aber zählte erst gemach
den ganzen Haufen Goldes nach
und sagte dann – kaum konnt' ich's fassen –:
»Nun geh schon, Freund, du bist entlassen.
Das, was du hattest zu bekommen,
hast, wie ich seh, du schon entnommen.«
»Verzeih, o Herr«, so sagt' ich drauf,
»nie macht' ich deinen Beutel auf.
So zahl mir nun auch meinen Lohn!«
»Wieso?« sagt' er, »du hast ihn schon.
Der Rest ist mein. – Dort ist die Tür.
Geh hin, und Allah sei mit dir!«
Am Geld lag mir nicht gar so viel,
doch stand mein Ruf hier auf dem Spiel.
Bei allem, was ich unternommen,
war nie viel Geld herausgekommen.
So konnt' ich's weiter wohl entbehren,
doch fühlt' ich: Hier mußt du dich wehren!
Wahr deinen Ruf und wahr dein Recht;
hier macht ein schlechter Kerl dich schlecht!

KAUFMANN *fällt ein:* Genug, wir einigten uns nicht
und stehn jetzt deshalb vor Gericht,
als Kläger und Beklagte beide.
Nun, Kadi, wäge und entscheide!
In jenem Beutel waren bare
einhundertzwanzig Golddenare.
Als ich ihn wieder krieg zu sehn,
da sind es nur noch hundertzehn!
Ich hab's dem Kerl ja nicht verdacht,
daß er sich schon bezahlt gemacht.
Doch daß ein solcher Hundesohn
gleich zweimal seinen Finderlohn
durch Lug und Trug erraffen will ...
KADI *hebt die Hand:* Ibn el Saadi, schweige still!
In Ruhe gilt's das Recht zu suchen,
und nicht mit Toben und mit Fluchen.
Begebt euch nun hinaus geschwind,
daß ich in Ruh das Urteil find.
Parteien und Volk ab.
KADI *zu den Beisitzern:*
Bevor wir ihren Fall entscheiden:
Wie ist der Leumund dieser beiden?
ERSTER BEISITZER *blickt in eine Schriftrolle:*
Beim Wasserträger liegt nichts an.
Er ist ein unbescholtner Mann.
KADI: Dagegen unser andrer Freund?
ZWEITER BEISITZER *blickt in eine Schriftrolle:*
Ist recht belastet, wie es scheint:
Durch Trödel rasch zu Geld gekommen,
hat er oft Wucherzins genommen,
hat im Bazar schon falsch gewogen
und mehrfach Steuern hinterzogen.
KADI: So steht die Habsucht vor Gericht!
Zeigt sie so offen ihr Gesicht,
dann muß das Urteil kräftig sein.

Zum Gerichtsdiener:
Geh, hol die Streitenden herein.
GERICHTSDIENER *holt alle wieder herein:*
Sie stehn vor deinem Angesicht.
Alle verneigen sich und verharren so, bis der Kadi das Wort ergreift.
KADI: Also entscheidet das Gericht:
Im Beutel, den ich hier verwahre,
sind volle hundertzehn Denare.
Doch Ibn el Saadi, wie du sagtest,
da du den Ibrahim verklagtest,
befand sich in dem deinen mehr.
Er war ja hundertzwanzig schwer!
Kaufmann nickt lebhaft zustimmend.
Darum, so folgert das Gericht,
ist dieser auch dein Beutel nicht!
Schreck und Enttäuschung beim Kaufmann und seinen Freunden.
Mag sein, der findet sich noch an;
noch lebt ja mancher brave Mann,
dem kleiner Lohn ein größrer Ruhm
als groß und unrecht Eigentum.
Dir, Ibrahim, kündet das Gericht:
Dein Fund fand den Besitzer nicht.
Weil dieser sich noch melden muß,
so kommt das Geld hier in Verschluß.
Und wenn in eines Jahres Frist
derjenige nicht gefunden ist,
der nachweist: dieses Geld ist mein,
dann ist der ganze Beutel dein.
Taucht jener aber auf indessen,
wird er den Finder nicht vergessen.
Er wird sein gutes Geld nicht schonen
und dich nach Recht und Brauch belohnen.

Denn Treu und Glauben müssen gelten,
find't man sie heut auch noch so selten.
Er entläßt alle durch eine Handbewegung. Allgemeine Verneigung, danach alle ab: das Volk in großer Heiterkeit mit dem Wasserträger, der Kaufmann und seine Freunde niedergeschlagen, der Gerichtshof mit Würde.

8. Der fahrende Schüler im Paradies

Es spielen mit: DER FAHRENDE SCHÜLER, DER BAUER, DIE BÄUERIN

DIE BÄUERIN *tritt ein und spricht:*
Ach, manchen Seufzer ich versenke,
wenn ich vergangner Zeit gedenke,
wo noch lebet' mein erster Mann,
den ich je länger, je lieber gewann,
wie er auch mich hinwiederum;
denn er war einfältig und frumm.
Mit ihm ist all' mein' Freud' gestorben,
wiewohl mich hat ein andrer erworben.
Der ist dem ersten gar ungleich,
er ist karg und will werden reich,
er kratzt und spart zusamm' das Gut,
hab bei ihm weder Freud' noch Mut,
Gott gnade meinem Mann, dem alten,
der mich viel freundlicher tät' halten,
könnt' ich ihm etwas Gut's noch tun.
Ich wollt' mich halt nicht säumen drum.
DER FAHRENDE SCHÜLER *tritt ein und spricht:*
Ach, liebe Mutter, ich komm herein,
bitt, laß mich dir befohlen sein

mit deiner milden Hand und Gabe;
denn ich gar viel studieret habe,
was ich in Büchern hab gelesen.
Bin auch im Venusberg[3] gewesen,
da hab ich gesehen manchen Buhler,
wiss', ich bin ein fahrender Schuler
und fahr im Lande her und hin.
Von Paris ich erst gekommen bin
jetzo etwa vor drei Tagen.

DIE BÄUERIN *spricht:*
Seht, lieber Herr, was hör ich sagen,
kommt Ihr her aus dem Paradies?
Ein Ding ich fragen muß gewiß;
habt Ihr meinen Mann nicht gesehen drin,
der ist gestorben und dahin
schon fast seit einem ganzen Jahr,
der so frumm und einfältig war;
ich hoff, er ist darein gefahren.

DER FAHRENDE SCHÜLER *spricht:*
Der Seelen viel darinnen waren;
drum sagt mir erstlich jetzo an,
welch Kleid getragen Euer Mann,
ob ich ihn daran möcht' erkennen.

DIE BÄUERIN *spricht:*
Das kann ich alsogleich Euch nennen:
Er hatte einen blauen Hut,
dazu ein Leintuch, ziemlich gut;
das war die ganze Kleidung sein,
mit der er zog ins Jenseits ein,
wenn ich die Wahrheit sagen soll.

DER FAHRENDE SCHÜLER *spricht:*
Oh, liebe Frau, ich kenn ihn wohl,
er geht dort ohne Hos' und Schuh'

---

3. märchenhafter Berg, in dem Venus, die Göttin der Liebe, hofhält.

und hat nicht Hemd noch Rock dazu,
so wie man ihn ins Grab gelegt;
den blauen Hut er immer trägt
und tut das Leintuch um sich hüllen.
Wenn andre prassen und sich füllen,
dann hat er keinen Pfennig nicht,
worauf er ist doch sehr erpicht,
und muß von Almosen nur leben,
die ihm die andern Seelen geben;
so unglückselig ist er dran.

DIE BÄUERIN *spricht:*
Wie elend bist du dort, mein Mann,
hast keinen Pfennig für ein Bad!
Nun ist's mir leid und jammerschad',
daß du sollst solche Armut leiden.
Ach, lieber Herr, tut mich bescheiden:
Fahrt wieder Ihr zum Paradeise?

DER FAHRENDE SCHÜLER *spricht:*
Ich mach mich morgen auf die Reise
und komm dahin in vierzehn Tag'.

DIE BÄUERIN *spricht:*
Ach, wollt Ihr etwas mit Euch tragen
ins Paradies für meinen Mann?

DER FAHRENDE SCHÜLER *spricht:*
Ja, Frau, ich biete gern mich an;
doch was Ihr tun wollt, tut mit Eil'.

DIE BÄUERIN *spricht:*
Mein Herr, verzieht eine kleine Weil',
ich such zusammen Euch mein Teil.
Sie geht ab.

DER FAHRENDE SCHÜLER *redet mit sich selbst und spricht:*
Was ist das für ein Trampeltier,
die paßt gleich eben recht zu mir,
wenn sie mir Geld und Kleider brächt',
das wär' mir sicher gut und recht,

wollt' trollen mich damit hinaus,
eh' daß der Bauer käm' ins Haus.
Der wird mir sonst den Spaß verderben,
ich hoffe doch, ihn zu beerben.

DIE BÄUERIN *bringt ihm ein Bündel und spricht:*
Mein Herr, nun seid ein guter Bot',
nehmt hin zwölf Gulden[4], goldesrot,
die lang ich hab gegraben ein
da draußen in dem Kuhstall mein,
und nehmet auch das Bündel an
und bringt das alles meinem Mann
in jene Welt ins Paradeis,
darin er finden wird mit Fleiß
Rock und Hose und dazu
Joppen, Hemden, schöne Schuh',
seine Tasche und sein Messer.
Sagt ihm, zum nächsten würd's noch besser,
ich will ihn ohne Geld nicht lassen,
mein Herr, nun ziehet Eure Straßen,
daß er bald aus der Armut komm',
er ist ja einfältig und fromm,
ist mir der liebste von den zweien.

DER FAHRENDE SCHÜLER *nimmt das Bündel und spricht:*
Oh, wie werd ich ihn erfreuen,
daß er mit andern am Feiertag
ein gutes Gläschen trinken mag,
auch spielen und andre Kurzweil treiben.

DIE BÄUERIN *spricht:*
Mein Herr, wie lange wollt Ihr draußen bleiben,
daß Ihr mir bringet Botschaft wieder?

DER FAHRENDE SCHÜLER *spricht:*
Oh, ich komm so bald nicht wieder,
denn der Weg ist hart und weit.

4. die wichtigste Silbermünze der damaligen Zeit in Deutschland.
1 Gulden = 2/3 Taler.

DIE BÄUERIN *spricht:*
> Ja, dann in der Zwischenzeit
> möcht' ihm wieder Geld gebrechen
> zum Baden, Spielen und zum Zechen,
> drum bringt ihm diese bömisch' Groschen[5].
> Wenn wir nur haben ausgedroschen,
> kann bald ich wieder Geld abstehlen
> und das vor meinem Mann verhehlen,
> auf daß im Kuhstall ich's eingrabe,
> wie ich auch dies behalten habe.
> Zum Lohn den Taler[6] nehmet an
> und grüßt mir freundlich meinen Mann.
> *Der fahrende Schüler geht ab.*

DIE BÄUERIN *fängt an, laut zu singen:*
> Bauernmaidlein, laß dir's wohlgefallen.

DER BAUER *kommt und spricht:*
> Alte, weshalb du so fröhlich bist?
> Sag mir bald, was die Ursach' ist.

DIE BÄUERIN *spricht:*
> Ach, lieber Mann, freu dich mit mir,
> große Freud' hab ich zu sagen dir.

DER BAUER *spricht:*
> Du glotzest wie ein Kalb mich an.

DIE BÄUERIN *spricht:*
> Ein Wunder ich dir künden kann.
> Ein fahrender Schüler mir zu Frommen
> ist aus dem Paradies gekommen,
> der hat meinen alten Mann gesehen
> und tut auf seinen Eid gestehen,
> daß Armut er dort leiden tut.
> Nichts hab' er als den blauen Hut
> und das Leintuch in jener Welt,
> nicht Rock, nicht Hosen oder Geld.

5. alte Silbermünze aus Böhmen.
6. in der Zeit des Hans Sachs weit verbreitete Silbermünze.

Das glaub ich wohl, daß er nichts hab',
als wie man ihn gelegt ins Grab.

DER BAUER *spricht:*

Wollt'st nicht was schicken deinem Mann?

DIE BÄUERIN *spricht:*

Oh, lieber Mann, ich hab's getan,
geschickt ihm Hos' und Rock dazu.
Joppen, Hemden, schöne Schuh',
für einen Gulden kleines Geld,
daß er's ihm bring' in jene Welt.

DER BAUER *spricht:*

Das hast du wieder recht getan.
Wohin hinaus ist jetzt der Mann,
den du so viel hast tragen lassen?

DIE BÄUERIN *spricht:*

Er zog hinunter unsre Straßen.
Es trägt der Schüler jedenfalls
ein gelbes Netz an seinem Hals
und das Bündel auf dem Rücken.

DER BAUER *spricht:*

Ei, das kann dir so nicht glücken;
denn zu wenig Geld gegeben
hast du ihm, davon zu leben.
Geh, sattle mir mein Roß beizeiten,
ich will jetzt hinterher schnell reiten,
zehn Gulden ihm dazu noch bringen.

DIE BÄUERIN *spricht:*

Mein Mann, das möge dir gelingen.
Wenn du einmal bist aus der Welt,
schick dir ich auch noch Kleid und Geld,
weil meinem Alten du bist gut.

DER BAUER *spricht:*

Dein Schwatz hier gar nichts helfen tut,
mein Roß will ich gesattelt han,
sonst flieht zum Moor der fremde Mann.

Die Bäuerin geht hinaus.
DER BAUER *spricht mit sich selbst:*
Ach Gott, was hab ich für ein Weib,
die ist an Seel', Vernunft und Leib
ein Esel, Stockfisch, halber Narre,
das dümmste Weib in unsrer Pfarre,
die sich läßt überreden leider,
schickt ihrem Manne Geld und Kleider,
der voriges Jahr gestorben ist,
das ist des fahrenden Schülers List.
Nachreiten will ich, ihn erjagen,
so will ich ihm die Haut vollschlagen,
ihn niederwerfen auf dem Feld,
ihm wieder nehmen Kleid und Geld.
Das will ich wieder heimwärts tragen
und dann mein Weib mit Fäusten schlagen,
daß blau ihr Auge werden soll
für ihre Dummheit, jammervoll.
Ach, ich bin halt mit ihr verdorben! –
Ach, daß ich hab um sie geworben,
das muß mich reuen all' mein' Tag'.
Ich wollt', es rührte sie der Schlag.
DIE BÄUERIN *schreit draußen:*
Sitz auf, das Roß ist schon bereit,
fahr hin, und Gott sei dein Geleit.
Sie gehen beide ab.
DER FAHRENDE SCHÜLER *kommt mit dem Bündel und spricht:*
Gewogen war das Glück mir heute,
daß mir geworden reiche Beute,
die ich den Winter kaum verzehr.
Hätt' ich so dumme Bauern mehr,
die schicken mich zum Paradeise!
Wär' schad', wenn alle wären weise! –
Potztausend, ich sehe von weiten

einen Mann mir eilends nachreiten,
es ist der Bauer oder Knecht,
das Bündel mir abjagen möcht'.
Ich will das Bündel hier verstecken
gleich hinter diesen Dornenhecken,
mit seinem Rosse ja der Mann
ins Moor zu mir nicht reiten kann,
er muß vor dem Graben absteigen. –
Er tut es schon! – Nun will ich schweigen,
mein Netz im Wams verstecke ich,
damit er nicht erkenne mich.
Will lehnen mich auf meinen Stab,
als ob ich hier zu warten hab.

DER BAUER *kommt gespornt und spricht:*
Glück zu, mein lieber Mann, Glück zu!
Hast nicht einen sehen laufen du?
Ein gelbes Netz an seinem Hals,
auf seinem Rücken jedenfalls
trägt er ein Bündel, das ist blau.

DER FAHRENDE SCHÜLER *spricht:*
Gesehen hab ich ihn genau,
jetzt läuft er übers Moor zum Wald,
er ist noch zu ereilen bald,
jetzt geht er hinter jenen Stauden
mit Blasen, Schwitzen und mit Schnauben,
denn an dem Bündel trägt er schwer.

DER BAUER *spricht:*
Er ist's wahrhaftig, eben der.
Mein lieber Mann, das Roß mir halte.
Gleich will ich übers Moor zum Walde
den Bösewicht dort durchzubleuen,
daß ihm sein Leben soll gereuen.
Er beichtet's keinem Menschen nie.

DER FAHRENDE SCHÜLER *spricht:*
Auf einen Priester wart ich hier,

der nachher kommt in diese Nähe,
diewiel nach Eurem Roß ich sehe,
bis daß Ihr kommt zurück zu mir.
DER BAUER *spricht:*
Dafür einen Kreuzer[7] schenk ich dir.
Nun hüte mir das Rößlein mein.
Der Bauer geht ab.
DER FAHRENDE SCHÜLER *spricht:*
Es soll mir wohl befohlen sein,
daß Ihr kein' Schaden findet dran.
Das Pferd mir paßt, mein lieber Mann.
Wie fröhlich scheint mir heut' das Glück,
so vollkommen in jedem Stück:
Die Frau gibt mir Rock, Hosen, Schuh,
der Mann gibt mir das Roß dazu,
daß ich nicht brauch zu Fuße gan.
Oh, das ist ein barmherz'ger Mann,
der geht zu Fuß, läßt mir den Gaul,
er weiß wohl, daß ich bin stinkfaul.
Oh, daß der Bauer in gleicher Weis'
auch stürb' und führ' ins Paradeis,
so wollt' ich gewiß von diesen Dingen
ein' gute Beute heim noch bringen,
doch will ich keinen Mist mir machen.
Denn, käm' der Bauer, ich würd' nicht lachen;
er schlüge mich im Felde nieder
und nähm' mir Geld und Kleider wieder;
will eilends auf das Roß mich heben
und reitend zum Paradiese schweben:
– – Ins Wirtshaus, wo die Hühner braten,
der Bauer mag durchs Moor nur waten.
Der fahrende Schüler nimmt sein Bündel, geht ab.

---

7. kleine Münze, der ein Kreuz aufgeprägt war. 60 Kreuzer = 1 Gulden.

DIE BÄUERIN *kommt und spricht:*
Wie lange bleibt mein Mann doch aus,
daß er nicht wieder kommt nach Haus.
Ich fürcht, er hat den Weg verfehlt,
dann kommt mein Alter um das Geld. –
Potz Mist, ich hör den Sauhirt blasen,
so muß ich meine Sau auslassen.
Die Bäuerin geht ab.
DER BAUER *kommt, sieht sich um und spricht:*
Stockschwerenot, wo ist mein Pferd?
Ja, ich bin fromm und ehrenwert.
So ist der Schüler fortgeritten,
ein Bösewicht von tückischen Sitten,
mit Gut und Geld der Bäuerin,
doch größter Narr ich selber bin;
ich bin von diesem Schalk betrogen. –
Sieh da, dort kommt mein Weib gezogen,
ich darf ihr wohl vom Roß nichts sagen,
ich drohte ihr ja, sie zu schlagen,
weil sie so einfältig hätt' eben
dem Landstreicher das Geld gegeben,
und ich gab ihm doch selbst das Pferd;
viel größrer Hiebe wär' ich wert.
Was soll ich Esel jetzt beginnen?
Ich muß auf eine Ausred' sinnen.
DIE BÄUERIN *kommt und spricht:*
Schau, bist zu Fuß du wieder kommen,
hat er das Geld von dir genommen?
DER BAUER *spricht:*
Ja, ja, er klagt', der Weg wär' weit.
Auf daß er käm' in kurzer Zeit
ins Paradies zu deinem Mann,
das Pferd ich ihm gegeben han,
damit er reiten könn' hinein,

bring' auch das Pferd dem Manne dein.
Mein Weib, hab ich nicht recht getan?
DIE BÄUERIN *spricht:*
Ja, ja, du mein herzlieber Mann,
jetzt kenn ich erst dein treues Herz,
ich sage dir das ohne Scherz.
Wollt' Gott, daß du auch stürbest morgen,
dann bliebe dir nicht lang' verborgen,
wie ich auch dir in gleicher Weis'
nachschicken wollt' ins Paradeis,
was ich nun finden könnt' im Haus.
Ich schickte dann zu dir hinaus
Geld, Kleider, Kälber, Gänse, Säue,
auf daß du lobtest meine Treue,
die ich dir hinten und vorne trage.
DER BAUER *spricht:*
Mein Weib, davon mir jetzt nichts sage,
solch geistlich Ding soll heimlich sein.
DIE BÄUERIN *spricht:*
Es weiß es schon die Dorfgemein'.
DER BAUER *spricht:*
Wer hat es denn gesagt so bald?
DIE BÄUERIN *spricht:*
Ei, als du rittest in den Wald,
hab ich erzählt vom End' zum andern,
daß du zu meinem Mann tätst wandern,
ins Paradies mit viel Andacht.
Ich glaub, sie haben mein gelacht
und alle sich gefreut mit mir.
DER BAUER *spricht:*
Ei, das vergelt' der Teufel dir!
Sie höhnen dich mit ihrem Spott!
Was hab ich für ein Weib, ach Gott! – –
Geh 'nein, richt meine Milch mir an.

DIE BÄUERIN *spricht:*
 Ja, komm nur gleich, mein lieber Mann.
 Die Bäuerin geht ab.
DER BAUER *beschließt:*
 Der Mann kann wohl von Unglück sagen,
 der mit einem solchen Weib ist geschlagen;
 ganz ohn' Verstand, Vernunft und Sinn
 geht wie ein Vieh sie toll dahin,
 leichtgläubig, täppisch und voll Wahn.
 Ihr muß den Zaum anziehn der Mann,
 daß sie verwahrlos' nicht sein Gut.
 Doch weil sie treu mit frohem Mut,
 kann er doch haben noch Geduld;
 denn auch der Mann kommt wohl in Schuld,
 wenn er mal anstößt mit dem Fuß,
 daß auch er Federn lassen muß,
 daß Schaden wird ihm durch Betrug,
 weil auch er war nicht klug genug.
 Dann zieh' man Schad' gen Schaden ab,
 damit man Fried im Eh'stand hab'
 und Streit und Hader nicht erwachs':
 das wünschet allen uns Hans Sachs.

B. Komisch-groteske Spiele

9. *Der Hasenbraten*

MANN: Elisabeth! – Ich habe doch Hunger, was is denn heute mit dem Hasenbraten?
FRAU: Der ist noch nicht ganz fertig, aber die Suppe steht schon am Tisch.
MANN *schlürft:* Na, die Suppe ist heut wieder ungenießbar.

FRAU: Wieso? Dös is sogar heut eine ganz feine Supp'n.

MANN: Das sagt ja auch niemand, daß die Supp'n nicht fein ist, ich mein nur, sie ist ungenießbar, weil s' so heiß ist.

FRAU: Eine Suppe muß heiß sein.

MANN: Gewiß! Aber nicht zu heiß!

FRAU: Dddddd – alle Tag und alle Tag das gleiche Lied, entweder ist ihm d'Supp'n z'heiß oder sie ist ihm zu kalt; jetzt will ich dir amal was sag'n: Wenn ich dir nicht gut genug koch, dann gehst ins Wirtshaus zum Essen.

MANN: Dös is gar net notwendig, die Supp'n ist ja gut, nur zu heiß.

FRAU: Dann wartest halt so lang bis kalt is.

MANN: Eine kalte Supp'n mag ich auch nicht.

FRAU: Dann – jetzt hätt' ich bald was g'sagt.

MANN: Ich weiß schon – nach'm Essen.

FRAU: Jeden Tag und jeden Tag muß bei uns gestritten werden, anders geht's nicht.

MANN: Na ja, du willst es ja nicht anders haben.

FRAU: So, bin ich vielleicht der schuldige Teil?

MANN: Na, wer denn, hab ich die Supp'n kocht?

FRAU: Eine kochende Suppe ist immer heiß.

MANN: Ja, vielleicht kochst du's zu heiß!

FRAU: Zu lang? Nein, nein, morg'n häng i an Thermometer in Suppentopf nei, damit der Herr Gemahl a richtig temperierte Supp'n bekommt.

MANN: Eine gute Köchin braucht kein Thermometer zum Supp'n kochen.

FRAU: Ja ja, nun kommt die spöttische Seite, so geht's ja jeden Tag, zuerst nörgelt er, und dann kommt der Spott auch noch dazu.

MANN: Was heißt nörgeln. Ich habe doch als Mann das Recht zu sagen, die Suppe ist mir zu heiß.

FRAU: Jetzt fangt er wieder mit der heißen Supp'n an; es ist wirklich zum Verzweifeln.

MANN: Du brauchst nicht zu verzweifeln, du sollst die Suppe so auf den Tisch stellen, wie sie sein soll, nicht zu kalt und nicht zu heiß.

FRAU: Aber jetzt ist sie doch nicht mehr zu heiß!

MANN: Jetzt nicht mehr, aber wie du sie hereingetragen hast, war sie zu heiß.

FRAU: Schau, schau, hört nicht mehr auf, er bohrt immer wieder in dasselbe Loch hinein.

MANN: Wieso, was soll denn das heißen?

FRAU: Weil du immer wieder mit der heißen Supp'n daherkommst.

MANN: Du bist doch mit der heiß'n Supp'n dahergekommen, nicht ich, du drehst ja den Stiel um.

FRAU: Du bist und bleibst ein Streithammel. *Zwischenreden.* Du – nein du –. Horch – *3mal schnüffeln* – was riecht denn da so komisch?

MANN: Ich hör auch was – da brandelt was –

FRAU: Hast vielleicht wieder eine brennende Zigarette auf den Teppich geworfen?

MANN: Ich hab ja heute noch nicht geraucht, und wenn ich geraucht hätt', dann hätt' ich die Zigarette nicht auf den Teppich, sondern in den Aschenbecher geworfen.

FRAU: Ich hab's ja auch nicht behauptet, ich hab ja nur gemeint, und meinen werd ich noch dürfen. Um Gottes willen, der Rauch kommt ja aus dem Gang!

MANN: No, so geh halt naus und schau, was los ist.

FRAU: Mein Gott! – Die ganze Küche ist voll Rauch – *macht die Ofentüre auf* – Jessas, der Has' ist verbrannt!

MANN: Ja ja, bei uns muß ja immer was los sein!

FRAU: So! – *Kommt aus der Küche auf den Mann zu und zeigt ihm den Braten.* Da schau her, da schau her, da haben wir jetzt die Bescherung! Mit deiner ewigen Streiterei ist unser ganzes Essen verbrannt.

MANN: Mahlzeit! – Und drinnen waltet die tüchtige Hausfrau!
FRAU: Wer ist denn schuld? Du! Mit deinem ewigen Streiten und Nörgeln!
MANN: Ich habe nicht gestritten und genörgelt, ich hab ja nur gesagt, daß die Suppe zu heiß ist!
FRAU: Jetzt fangt er wieder an mit der heißen Supp'n, ich lauf noch auf und davon!
MANN: Auf brauchst gar nicht laufen, nur davon! – Genügt mir vollständig.
FRAU: Mit lauter Streiten hab ich ganz drauf vergessen und der arme, arme Has' ist jetzt im glühenden Ofenrohr jämmerlich verbrannt. – Essen kannst'n nimmer!
MANN: Das glaub ich! Aber dem Tierschutzverein werd ich's melden!

10. Der Schalter

Personen: DER BEAMTE *sehr würdevoll, sehr hochmütig, unerschütterlich,* DER KUNDE *kleiner, schüchterner Herr, kärglich gekleidet und mit knappen Bewegungen,* DAS RADIO

Das Auskunftsbüro einer Verwaltung. Der übliche Raum, der durch ein Gitter und einen Schalter abgeteilt ist. Rechts hinter dem Schalter sitzt der Beamte an einem Tisch, das Gesicht zum Publikum. Der Tisch ist mit Akten, Büchern und den verschiedensten Dingen überhäuft. In einer Ecke ein Ofen mit einem gebogenen Rohr. An der Wand hängen Hut und Mantel des Beamten. Sein offener Regenschirm trocknet vor dem Ofen.
»Öffentliche« Seite: eine Türe im Hintergrund. Links von der Türe die Aufschrift »Eingang«, rechts die Aufschrift »Ausgang«. Eine Bank zieht sich rund um den

Raum. Auf der Seite des Publikums hängt ein großes Schild an der Wand mit der Aufschrift »Fasse dich kurz!« Auf der Seite des Beamten ein gleiches Schild mit der Aufschrift »Geduld!«
Wenn der Vorhang aufgeht, ist der Beamte in die Lektüre eines Buches vertieft. Er liest still vor sich hin und kratzt sich von Zeit zu Zeit mit einem Papiermesser den Kopf. Die Türe wird ein wenig geöffnet, es erscheint der Kopf des Kunden. Er hat ein komisches, ängstliches Gesicht und trägt einen verschossenen Hut. Er faßt sich ein Herz und tritt ein, schrecklich schüchtern und verängstigt. Er geht ein paar Schritte auf den Zehenspitzen und sieht sich um: Beim Umdrehen bemerkt er die Aufschriften »Eingang« und »Ausgang«, welche zu beiden Seiten die Türe schmücken. Er scheint einen Augenblick zu zögern, dann geht er hinaus, wie er hereingekommen ist. Gleich darauf hört man ihn an die Türe klopfen. Der Beamte, der dem Treiben des Kunden bis jetzt nicht die geringste Beachtung geschenkt hat, hebt mit einem Ruck den Kopf, klappt geräuschvoll das Buch zu und:

DER BEAMTE *brüllt in schroffem Ton:* Herein! *Der Kunde tritt nicht ein.*
DER BEAMTE *noch lauter:* Herein! *Der Kunde tritt ein, noch verschüchterter als soeben.*
DER KUNDE *tritt zum Schalter:* Verzeihen Sie ... Bin ich hier richtig ... beim Auskunftsbüro?
DER BEAMTE *öffnet geräuschvoll den Schalter:* Ja.
DER KUNDE: Oh gut! Sehr gut. Sehr gut ... Ich komme nämlich ...
DER BEAMTE *unterbricht ihn grob:* Ist es wegen einer Auskunft?
DER KUNDE *glücklich:* Ja, ja! Genau das. Ich komme ...
DER BEAMTE *wie oben:* Warten Sie!
DER KUNDE: Verzeihung, warten worauf?

DER BEAMTE: Warten Sie, bis Sie an der Reihe sind, warten Sie, bis Sie aufgerufen werden!

DER KUNDE: Aber ... ich bin doch der einzige!

DER BEAMTE *ungeduldig und grimmig:* Da sind Sie sehr im Irrtum! Wir sind zwei! Hier! *Gibt ihm eine Nummer:* Ihre Aufrufnummer!

DER KUNDE *liest die Nummer:* Nummer 3640? *Er wirft einen Blick auf den leeren Raum:* Aber ... ich bin doch der einzige!

DER BEAMTE *wütend:* Sie bilden sich wohl ein, der einzige Kunde am Tag zu sein, was? ... Setzen Sie sich und warten Sie, bis ich Sie aufrufe. *Er schließt den Schalter geräuschvoll und dreht das Radio an. Ein idiotisches Lied (irgendein sentimentaler Schlager) erfüllt den Raum. Der Kunde setzt sich resigniert.*

Der Beamte untersucht seinen Regenschirm. Er hält ihn für trocken, macht ihn zu und hängt ihn an den Kleiderhaken. Dann spitzt er sich einen Bleistift, trällert oder pfeift das Lied, das er gerade hört, vor sich hin. Schließlich geht er wieder zum Radio und dreht an den Knöpfen. Das Lied wird vom Wetterbericht abgelöst.

DAS RADIO: Das Wetter bleibt im ganzen Gebiet bewölkt mit fallenden Temperaturen, die eine fühlbare Abkühlung mit sich bringen. *Bei diesen Worten legt der Beamte Kohlen nach, der Kunde schlägt den Mantelkragen hoch.* Bei einigen Niederschlägen in regnerischen Gebieten und Schneefall im Hochgebirge, bleibt das Wetter in sonnigen Gebieten schön. Sie hörten soeben den Wetterbericht. *Der Beamte stellt das Radio ab, reibt sich lange die Hände, setzt sich an den Tisch, öffnet den Schalter und:*

DER BEAMTE *ruft:* Nummer 3640!

Der Kunde träumt vor sich hin und hört nicht. Der Beamte ruft lauter: Ich sagte: Nummer 3640!

DER KUNDE *schreckt jäh aus seinen Träumen auf und blickt auf seine Nummer:* Hier! Hier! *Er steht auf und geht zum Schalter.*
DER BEAMTE: Ihre Nummer!
DER KUNDE: Oh, Verzeihung, entschuldigen Sie! Hier! *Er gibt die Nummer zurück.*
DER BEAMTE: Danke!
DER KUNDE: Ich wollte mich erkundigen, ob ...
DER BEAMTE *unterbricht ihn:* Ihr Name?
DER KUNDE: Mein Name? Aber ich ...
DER BEAMTE: Es gibt kein »ich«. Wie ist Ihr Name?
DER KUNDE: Hier ... Mein Personalausweis ... *Er sucht in seinen Taschen und zieht eine Brieftasche hervor. Aber der Beamte unterbricht ihn.*
DER BEAMTE: Ich habe Sie nicht nach Ihrem Personalausweis gefragt; ich will Ihren Namen wissen.
Der Kunde läßt ein unverständliches Gemurmel hören.
DER BEAMTE: Wie wird das geschrieben? Buchstabieren Sie bitte!
DER KUNDE: M–U–Z–S–P–N–Z–J–A–K – zwei E–S–G–U–R–W–P–O–N–T wie Dupont.
DER BEAMTE: Geburtsort und -datum?
DER KUNDE *leise:* Ich bin gegen Ende des vorigen Jahrhunderts im Westen geboren ...
DER BEAMTE: Genauer! Sie machen sich wohl über mich lustig, hm?
DER KUNDE: Aber nein, gewiß nicht, ich bitte Sie! Genauer gesagt bin ich im Jahre 1897 in Rennes geboren ...
DER BEAMTE: Gut; Beruf?
DER KUNDE: Zivilist.
DER BEAMTE: Registrationsnummer?
DER KUNDE: Kategorie A-Nr. J 9.896.B4.CRTS.740. U4.B5.AM. 3 Millionen 672 Tausend 863.
DER BEAMTE: Verheiratet? Kinder?

DER KUNDE: Verzeihen Sie ... Darf ich mir erlauben ... mich ein wenig zu wundern? Ich bin hergekommen ... um eine Auskunft einzuholen ... und jetzt werde ich ausgefragt! ... Ich ...

DER BEAMTE: Sie werden mir Fragen stellen, sobald Sie an der Reihe sind ... Ich frage Sie, ob Sie verheiratet sind, ob Sie Kinder haben! Ja oder nein?

DER KUNDE: Hm ... ja ... nein ... das heißt ...

DER BEAMTE: Wie: das heißt?

DER KUNDE: Nun ja! Es ist so widerwärtig! Ich hatte es doch eilig ...

DER BEAMTE: Wenn Sie es so eilig haben, dann ist es nur in Ihrem Interesse, schnell und ohne Zögern zu antworten.

DER KUNDE: Nun ja, also, ich war verheiratet, ich habe Kinder ... zwei Kinder.

DER BEAMTE: Wie alt?

DER KUNDE *angewidert, dem Weinen nahe*: Ach, ich weiß es nicht mehr ... Sagen wir: das Mädchen zehn und der Junge acht Jahre.

DER BEAMTE: Und wie alt sind Sie?

DER KUNDE: Aber ich habe Ihnen doch vorhin mein Geburtsdatum angegeben!

DER BEAMTE: Geburtsdatum und Alter sind nicht dasselbe. Die beiden Angaben stehen auf der Kundenkarte nicht in derselben Rubrik.

DER KUNDE: Ach so ... Sie füllen für alle, die hierher kommen ... und eine Auskunft einholen ... eine Karte aus?

DER BEAMTE: Selbstverständlich! Wie sollen wir uns sonst zurechtfinden? ... Ich habe Sie nach Ihrem Alter gefragt! ... Vorwärts ...

DER KUNDE: Warten Sie. *Er rechnet nach:* 1952 weniger 1897 ... 12 weniger 7 bleibt 5, 95 weniger 89 bleibt 16 ... das macht, nun 5 und 16 = 21 Jahre, nein, 16 und

5, 165 Jahre ... Nein. Das ist unmöglich ... Nochmals ...

DER BEAMTE *zuckt die Achseln*: Nicht nötig! Ich habe nachgerechnet: Sie sind genau 55 Jahre alt.

DER KUNDE: Ja, das stimmt, stimmt ganz genau! Vielen Dank!

DER BEAMTE: Hätten Sie das doch gleich gesagt! Es ist unglaublich, wieviel Zeit man mit unerfahrenen Kunden verlieren kann. Zeigen Sie jetzt die Zunge!

DER KUNDE *streckt die Zunge heraus*: Da! ...

DER BEAMTE: Gut. Keine besonderen Merkmale. Zeigen Sie Ihre Hände!

DER KUNDE *zeigt seine Hände*: Da! ...

DER BEAMTE *betrachtet sie aufmerksam*: Hm! Die Todeslinie schneidet die Lebenslinie. Das ist ein schlechtes Zeichen ... aber ... Sie haben die Existenzlinie! Ein Glück für Sie! Gut. Sie können sich setzen.

DER KUNDE: Wie? Kann ich immer noch keine Auskunft bekommen?

DER BEAMTE: Noch nicht. Warten Sie, bis Sie aufgefordert werden. *Er schließt geräuschvoll den Schalter.*

DER KUNDE *verzweifelt und weinerlich*: Aber ich habe es doch so eilig! ... Meine Frau und meine Kinder erwarten mich ... Ich bin gekommen ... um eine dringende Auskunft einzuholen! ... *In diesem Augenblick hört man das Pfeifen eines abfahrenden Zuges.* Sie sehen doch, daß wir uns in einem Bahnhof befinden, oder daß der Bahnhof nicht weit ist. Ich kam, um Sie um Rat zu fragen, welchen Zug ich nehmen soll!

DER BEAMTE *besänftigt, öffnet den Schalter*: Ach so, es war wegen der Abfahrtszeiten?

DER KUNDE: Nun ja, unter anderem ja, hauptsächlich wegen der Abfahrtszeiten ... Deshalb hatte ich es so eilig!

DER BEAMTE *ganz ruhig*: Hätten Sie das doch gleich gesagt!

11. Zum stillen Winkel

TOURIST *eintretend:* Guten Morgen.
TOCHTER: Guten Tag.
WIRTIN: Guten Abend.
TOURIST: Dies ist doch ein Rasthaus? Wir wollen nämlich rasten.
WIRTIN: Bitte nehmen Sie Platz. Es ist ein Rasthaus.
TOURIST: Können wir uns hinsetzen, wo wir wollen, oder sind Tische reserviert?
WIRTIN: Alle Tische sind frei.
TOURIST: O – das ist ja verwirrend! Da fällt einem die Wahl schwer. Gibt es besonders gute Tische?
WIRTIN: Ja, die am Fenster.
TOURIST: Richtig – da hat man die Aussicht, durchs Fenster. Man blickt auf grüne Bäume.
TOCHTER: Wir haben unterwegs lauter grüne Bäume gesehen. Immerzu.
TOURIST: Aber nur sehr flüchtig. Das Auge konnte nicht auf ihnen verweilen. *Zur Wirtin:* Wir sind nämlich 300 Kilometer durchgefahren, in einem Ruck. Da möchte man sich etwas erholen. Man möchte rasten.
WIRTIN: Bitte rasten Sie. Wir haben drei Fenstertische. Dieser hier hat die schönste Aussicht.
TOURIST: Gut, nehmen wir den. Komm, Sabine, setz dich.
WIRTIN: Er ist auch ganz besonders frei. Seit langer Zeit hat niemand daran gesessen.
TOURIST: Aha.
WIRTIN: Am Tisch nebenan hat vorgestern jemand gesessen. Der Tisch ist nicht ganz so frei. Aber er ist natürlich auch frei.
TOURIST: Ja, irgendwie spürt man noch den Tischnachbarn, auch wenn er von vorgestern ist. Insofern sitzt man gesellig.

WIRTIN: Es war ein sehr gesprächiger Herr.
TOURIST: Ja, ich höre ihn direkt!
WIRTIN: Ich auch. Und wie!
TOURIST: Sie auch? Ja, was so ein gesprächiger Herr zu sagen hat, das bleibt im Ohr.
WIRTIN: Vor allem in meinem Ohr, weil er mit mir geredet hat.
TOURIST: Mit mir kann er ja nicht geredet haben, weil ich erst soeben eingetroffen bin.
WIRTIN: Da haben Sie Glück.
TOURIST: Ja, Glück muß man haben. Glück zu haben, ist Glück.
WIRTIN: Wollen Sie nicht Platz nehmen?
TOURIST: Wir könnten uns auch drüben hinsetzen, an den anderen Fenstertisch. Oder ist der reserviert?
WIRTIN: Nein, kein Tisch ist reserviert, alle Tische sind frei. Sie können sich auch an b e i d e Tische setzen, Sie an den einen und das Kind an den anderen.
TOURIST: Das finde ich ungemütlich. Man muß dann immer so schreien, von Tisch zu Tisch.
WIRTIN: Gut, dann setzen Sie sich zusammen an diesen Fenstertisch.
TOURIST: Sagten Sie nicht, es gibt drei Fenstertische?
WIRTIN: Gewiß, aber beim dritten Tisch ist jetzt kein Fenster mehr. Da w a r früher mal ein Fenster.
TOURIST: Ach, da w a r eins. Aber das ist ja fast das gleiche. Man kann sich die Aussicht gut vorstellen.
WIRTIN: Eben.
TOURIST: Wenn hier jetzt noch ein Fenster wäre, hätte man etwa die gleiche Aussicht wie an den anderen Tischen.
WIRTIN: Eigentlich ist dieser Tisch noch besser als die beiden anderen. Man wird nicht so abgelenkt durch die Aussicht.

TOURIST: Richtig. Man ist vor der Aussicht geschützt. So schön ist sie auch gar nicht.

WIRTIN: Sie wird oft gelobt. Natürlich nicht öfter, als Gäste da sind.

TOURIST: Ach? Dann will auch ich sie loben. Ich lobe die Aussicht, obwohl man sie nicht sieht. Hier setzen wir uns also hin, Sabine. *Scharren von Stühlen.* Wir sind sehr lange im Auto gefahren.

WIRTIN: Sie sagten es schon.

TOURIST *sitzend*: Und nun sitzen wir wieder. Der Unterschied ist nur: ich brauche nicht zu lenken. Ich entspanne mich. Ich raste. Wir rasten, Sabine.

TOCHTER: Ja, Vati, wir rasten.

WIRTIN: Wollen Sie n u r rasten?

TOURIST *energisch*: Nein, wir wollen essen. Und trinken.

WIRTIN: Da könnte ich Ihnen ja die Speisekarte bringen. Hier ist sie.

TOURIST: Ah – wie reichhaltig! Da braucht man eine gewisse Bedenkzeit. *Pause.* Sagen Sie, ist das bei Ihnen immer so leer? Oder ist es ein Zufall?

WIRTIN: Eher ein Zufall. Aber ein ziemlich häufiger Zufall.

TOURIST: Vielleicht liegen Sie zu weit ab von den großen Straßen?

WIRTIN: Ich glaube, es hängt mit den hohen Preisen zusammen.

TOURIST: Die sind freilich hoch! Ich lese da gerade »Seezunge Müllerin Art 14 Mark«. Das kostet woanders 8 Mark oder 6 Mark 50.

WIRTIN: Fast das Doppelte. Nicht?

TOURIST: Ja. Und warum sind die Preise so hoch?

WIRTIN: Die Preise sind so hoch, weil so wenig Gäste kommen. Nur dadurch kriegt man den Verlust wieder herein.

TOURIST: Ja, ich verstehe. Die wenigen, die kommen, bezahlen für die anderen mit.
WIRTIN: Ja. Sie schaffen den Ausgleich.
TOURIST: Ein gesundes Geschäftsprinzip. Es kommen also sehr wenig Gäste?
WIRTIN: Noch weniger. Aber im Augenblick habe ich ja Gäste, wie Sie sehen.
TOURIST: Ja. Wir sind bei Ihnen eingekehrt.
WIRTIN: Hat das Schild Sie angelockt? Das Gasthausschild?
TOURIST: Teils, teils. Ich war müde, vom Autofahren. Und dann sah ich das Schild »Rasthaus zum stillen Winkel«. Ja, es hat mich angelockt.
WIRTIN: Es ist hier wirklich sehr still.
TOURIST: Sehr still. Aber wir können hier nicht unsere Zeit verplaudern. Wir müssen weiter. Und vorher wollen wir uns stärken. Was möchtest du essen, Sabine?
TOCHTER: Würstchen.
TOURIST: Das Kind will immer Würstchen. Immer nur Würstchen.
TOCHTER: Mit Senf.
TOURIST: Was für Würstchen, Sabine?
TOCHTER: Wiener Würstchen.
TOURIST: Gut, Frau Wirtin, dann gebe ich also folgende Bestellung auf: Wiener Würstchen mit Senf.
WIRTIN: Senf habe ich – sehr guten Senf. Aber Wiener Würstchen sind leider nicht da. Sie fehlen.
TOURIST: Dann überleg dir etwas anderes, Sabine. Inzwischen studiere ich mal die Speisekarte. Ich sehe da: Hammelrippchen. Das habe ich schon lang nicht mehr gegessen.
WIRTIN: Ich auch nicht.
TOURIST: Ich bestelle Hammelrippchen.
WIRTIN: Die gibt es heute nicht. Heute ist Donnerstag. Donnerstags gibt es keine Hammelrippchen.

TOURIST: Und warum nicht?
WIRTIN: Weil heute Donnerstag ist.
TOURIST: Das leuchtet ein. Dann will ich weitersuchen. Da lese ich: Hirschrücken. Auch das habe ich seit langem nicht gegessen. Hirschrücken ist herrlich! Mit Preiselbeeren.
WIRTIN: Etwas für Feinschmecker. – Schreckt der hohe Preis Sie nicht ab?
TOURIST: Der Preis ist ungebührlich hoch. Aber ich bin auf Reisen, da lasse ich schon was springen.
WIRTIN: Hirschrücken fällt aus. Es ist Schonzeit. Man darf jetzt keine Hirsche schießen.
TOURIST: Aber das Gericht steht doch auf der Speisekarte!
WIRTIN: Die wird nur einmal im Jahr gedruckt.
TOURIST: Dann sollten Sie hinter »Hirschrücken« in Klammern dazusetzen: »Nicht während der Schonzeit«. Das wäre korrekt. Und du, Sabine, wie weit bist du? Was willst du essen?
TOCHTER: Frankfurter Würstchen. Mit Senf.
TOURIST: Sie sehen, das Kind hat einen völlig anderen Entschluß gefaßt. Es will nicht Wiener Würstchen, sondern Frankfurter Würstchen, mit Senf.
WIRTIN: Ich habe vorzüglichen Senf, aber keine Frankfurter Würstchen. Die fehlen zur Zeit.
TOURIST: Ach, die fehlen zur Zeit. – Du wirst dir etwas anderes überlegen müssen, Sabine. *Zur Wirtin:* Dieser Elchrücken, sagten Sie, ist also nicht da. Nein, es war kein Elch, es war ein kleineres Tier.
WIRTIN: Ein Reh.
TOURIST: Nein, kein Reh – ein größeres Tier. Ah – jetzt weiß ich's wieder: es war Hirsch. Hirschrücken wäre herrlich gewesen!
WIRTIN: Ja, ich esse ihn auch gern. Mit Preiselbeeren.
TOURIST: Aber den gibt's ja nicht, wegen der Schonzeit.

Pause. Weißt du was, Sabine, wir essen einfach beide Bratwurst. Thüringer Bratwurst. Hier steht sie, auf der Speisekarte.
WIRTIN: Mit Senf.
TOURIST: Ja, mit Senf.
WIRTIN: Ich habe ausgezeichneten Senf. Aber Thüringer Bratwürste sind leider nicht da. Sie fehlen.
TOURIST: Was? Das kommt mir aber allmählich sonderbar vor. Alles, was auf der Karte steht, alles, was wir bestellen, haben Sie nicht. Wie erklärt sich das?
WIRTIN: Ich habe es nicht im Hause. Ich muß die Sachen erst kommen lassen.
TOURIST: Ach – Sie kochen nicht selbst?
WIRTIN: Gott bewahre. Für die paar Gäste! Ich rufe an.
TOURIST: Wo denn?
WIRTIN: Im nächsten Gasthof. Die schicken es dann.
TOURIST: Ich denke, Sie sind selbst ein Gasthof?
WIRTIN: Bin ich auch. Wenn die Leute etwas bestellen und ich merke, es ist ihnen ernst damit, rufe ich sofort an.
TOURIST: Wie lange dauert es denn, bis das Essen da ist?
WIRTIN: Nicht lange. Vielleicht zwei Stunden. Bei Schnellgerichten geht es schneller.
TOURIST: Und in der Zwischenzeit?
WIRTIN: In der Zwischenzeit rasten meine Gäste. Es ist ja ein Rasthaus. *Pause.* Da fällt mir ein: heute ist ja eigentlich Ruhetag. Aber weil niemand kam, habe ich vergessen, das Schild an die Tür zu hängen.
TOURIST: Wieso ist niemand gekommen? Wir sind doch da!
WIRTIN: Ja, Sie sind da, weil ich das Schild nicht an die Tür gehängt habe. Aber jetzt hänge ich das Schild hin, und dann muß ich leider schließen. Gute Fahrt!
TOURIST: Danke. Was bin ich schuldig?

WIRTIN: Drei Mark, fürs Rasten. Sonst nehme ich zwanzig Mark.
TOURIST: Schönen Dank für den Freundschaftspreis. Leider habe ich kein Kleingeld. Nur einen Zwanzigmarkschein.
WIRTIN: Und ich kann Ihnen nicht herausgeben.
TOURIST: Überhaupt nicht?
WIRTIN: Nicht eine Mark.
TOURIST: Was machen wir da?
WIRTIN: Ich behalte den Zwanzigmarkschein. Schließlich sind wir ja nicht befreundet.
TOURIST: Da haben Sie recht. Dafür war unsere Bekanntschaft zu flüchtig.

12. An allem ist die Katze schuld

Sprecher: DER KÖNIG, DIE ERGEBENE KÖNIGIN, DER SCHÖNE UND MUTIGE HERZOG, DIE WUNDERHÜBSCHE PRINZESSIN, DER VORHANG

Nun aber die wichtigste Anmerkung, ehe das Spiel beginnt: Jeder Spieler spricht auch die Anmerkungen mit, die in seinem Text stehen! Dies ist die Hauptsache bei diesem Stück!

Akt I

VORHANG: Der Vorhang öffnet sich zum ersten Akt.
KÖNIG: Der König tritt auf.
KÖNIGIN: Im Gefolge seine ergebene Königin.
KÖNIG: Der König läßt sich auf seinem Thron nieder, sein Szepter in der Hand.
KÖNIGIN: Die Königin steht anmutig neben ihm und blickt ihn zärtlich an. »Mein Herr«, sagt sie mit sanf-

tem Ton, »warum halten wir die Prinzessin von den Augen der Männer fern? Würde sich nicht bald die Ehe für sie schicken?«

KÖNIG: Der König nimmt eine strenge Miene an. »Königin«, sagt er mit barscher Stimme, »tausendmal habe ich es bereits wiederholt, die Prinzessin soll keines Mannes Weib werden.«

HERZOG: Der schöne und mutige Herzog tritt von der Seite her auf. »O König«, sagt er in männlichem Ton, »ich überbringe Euch eine Botschaft von größter Wichtigkeit.«

PRINZESSIN: In diesem Augenblick tritt die wunderhübsche Prinzessin von der anderen Seite her auf. Wie sie den schönen und mutigen Herzog sieht, erschrickt sie und schreit auf: »Oh, ein Mann!« Ihre Verlegenheit vermehrt nur ihre Schönheit.

HERZOG: Beim ersten Blick entbrennt der schöne und mutige Herzog in Liebe.

KÖNIG: Voller Erregung steht der König auf. »Sprich!« brüllt er den Herzog an, »und verlasse das Haus!«

PRINZESSIN: Das wunderschöne Mädchen errötet und schließt seine Augen.

KÖNIGIN: »Tochter«, sagt die ergebene Königin, »was hat dich bewogen, ohne Erlaubnis hier einzutreten?«

PRINZESSIN: Die Prinzessin öffnet den Mund und will sprechen.

HERZOG: Der Herzog hält den Atem an.

PRINZESSIN: »Ach«, sagt das Mädchen in einem von Süßigkeit schmelzenden Ton, »mein Angorakätzchen ist davongelaufen, und ich kann es nirgends finden.«

HERZOG: »Wunderschöne Prinzessin«, so läßt der schöne und mutige Herzog seine von tiefstem Gefühl bewegte Stimme vernehmen, »ich werde überglücklich sein, Euch dienen zu können. Vernehmet meinen Schwur: Noch heute liegt das Angorakätzchen in Euren Ar-

men!« Der Mut beflügelt seine Schritte. Ab durch die Mitte.
KÖNIG: »Haltet ihn! Haltet ihn!« schreit der König voller Zorn. »Meine Knechte sollen das Angorakätzchen der Prinzessin finden!« Der König tritt ab.
KÖNIGIN: Im Gefolge seine ergebene Königin.
PRINZESSIN: Und mit anmutigem Schritt entfernt sich auch die Prinzessin.
VORHANG: Sodann schließt sich der Vorhang nach dem ersten Akt.

Akt II

VORHANG: Nun öffnet sich der Vorhang zum zweiten Akt.
PRINZESSIN: Die wunderschöne Prinzessin lehnt am Fenster. Sie hört in der Ferne Hufe klappern! »Er ist es«, haucht sie in die abendliche Stille und legt ihre zarte Hand auf das klopfende Herz.
KÖNIG: Der König tritt auf.
KÖNIGIN: Im Gefolge seine ergebene Königin.
HERZOG: Strahlend tritt der schöne und mutige Herzog ein und hält das Kätzchen im Arm.
PRINZESSIN: »Mein Angorakätzchen! Mein Angorakätzchen!« ruft die Prinzessin. Sie nimmt ihren Liebling auf den Arm. Aber ihre Augen hängen an der anmutigen Gestalt des schönen und mutigen Herzogs.
KÖNIG: Der König ist voll Eifersucht.
HERZOG: Der Herzog fällt vor dem König auf die Knie. »O König«, so läßt er seine wohltönende Stimme vernehmen, »ich habe das Angorakätzchen gefunden. Nun bin ich gekommen, um mir die Belohnung zu holen, nämlich die Hand Eurer Tochter, der wunderhübschen Prinzessin.«
KÖNIG: Der König erbebt vor Zorn. »Hinaus!« ruft er mit allen Anzeichen angesammelter Wut. »Die Hand

meiner Prinzessin soll nicht durch eine Katze gewonnen werden!«

HERZOG: Der schöne und mutige Herzog wendet sich gefaßt zum Gehen. Wie er an der Prinzessin vorbeikommt, berührt er ihre zarte Hand. »Ich komme wieder«, flüstert er ihr zu.

PRINZESSIN: Die Prinzessin schweigt, aber ihre himmelblauen Augen spiegeln die Bewegung ihres Herzens wider.

KÖNIG: Der König tritt ab.

KÖNIGIN: Im Gefolge seine ergebene Königin.

PRINZESSIN: Und mit anmutigem Schritt entfernt sich auch die Prinzessin.

VORHANG: Sodann schließt sich der Vorhang nach dem zweiten Akt.

Akt III

VORHANG: Der Vorhang öffnet sich zum dritten Akt.

KÖNIG: Der König tritt auf.

KÖNIGIN: Im Gefolge seine ergebene Königin.

KÖNIG: Der König steht nachsinnend in der Mitte der Bühne.

KÖNIGIN: Die Königin steht traurig neben ihm. »Mein Herr«, sagt sie mit gramumflorter Stimme, »habt ein Einsehen! Die Prinzessin weint Tag und Nacht und will sich nicht mehr trösten lassen.«

KÖNIG: Der König dreht sich um. »Schweig!« herrscht er sie an.

KÖNIGIN: Die Königin verstummt.

HERZOG: Der schöne und mutige Herzog tritt auf. An der Seite ein Schwert. »O König«, ruft er voll glühender Leidenschaft, »ich habe Euch vorhin um die Hand der wunderhübschen Prinzessin gebeten!«

KÖNIG: Der König zeigt eine abweisende Miene. »Hinaus, hinaus!« schreit er noch einmal.

HERZOG: Der Herzog zieht sein Schwert und ersticht den König.
KÖNIG: Der König röchelt und stirbt.
KÖNIGIN: »Mein Herr, mein Herr«, schreit die Königin in aufwallendem Schmerz und sinkt tot über den König.
HERZOG: »O furchtbares Entsetzen! Was habe ich getan?« schreit der Herzog mit allen Anzeichen heftiger Reue. Er trinkt einen Becher voll Gift und fällt tot um.
PRINZESSIN: Die Prinzessin hört den Schrei und stürzt herein. Sie erstarrt bei dem entsetzlichen Anblick, der sich ihr bietet. »Weh mir!« schreit sie und ringt ihre zierlichen Arme. »Der Kummer wird mich töten«, so waren ihre letzten Worte. Dann fällt sie tot über die Brust des Geliebten.
KÖNIG: Weh! Weh! Der König des Landes ist tot.
KÖNIGIN: O Jammer, o Jammer! Die ergebene Königin ist tot!
HERZOG: Schmerz laß nach! Der schöne und mutige Herzog ist tot!
PRINZESSIN: Laßt eure Tränen fließen! Die Prinzessin ist tot, doch immer noch strahlt ihre Schönheit.
VORHANG: Sodann schließt sich der Vorhang nach dem dritten Akt.

Nachspiel

VORHANG: Noch einmal öffnet sich der Vorhang zum melodramatischen Nachspiel. *Ein feierlicher Chor oder entsprechende Instrumente sorgen für entsprechende Untermalung. Die Auswahl ist groß von »Unrasiert und fern der Heimat«, hier besser auf den Text: »Eduard und Kunigunde, Kunigunde, Eduard...« zu singen, bis zu »Guter Mond, du gehst so stille!«*
KÖNIG: Der König ist immer noch tot.

KÖNIGIN: Die ergebene Königin ist immer noch tot.
HERZOG: Der schöne und mutige Herzog ist immer noch tot.
PRINZESSIN: Die wunderhübsche Prinzessin ist immer noch tot – und immer noch reizend.
VORHANG: Der Vorhang fällt für immer.

C. Nachdenkliche und problemorientierte Spiele

13. Eine Minute

Dampfschiffkai im Sturm und dichtem Nebel.
EIN PASSAGIER, EIN FREMDER HERR, STIMMEN

Man hört die Dampfsirenen eines großen Schiffes dreimal, gleich darauf fernes Rasseln von Ankerketten. Ein Herr mit Handtasche kommt von links gelaufen.

DER PASSAGIER: Donnerwetter! Donnerwetter! Heda! Hollah! Verflucht und verdammt! Holla, Bootsmann! Was? Nicht mehr möglich? Es muß möglich sein *winkt krampfhaft.* Ich zahle doppelt – – dreifach – –. Was? Herrgott, er dreht doch erst noch. Ich muß noch an Bord, ich muß, – mein Gepäck – ja natürlich – – Himmelschockschwerenot ist das eine Niederträchtigkeit – was fang ich nur an – – ach was – das bißchen Seegang – – der Teufel soll dieses Rindvieh von Kellner holen – – na, hör mal, hör mal, Junge, das ist nett, das lob ich mir – und morgen der Vortrag – *läuft hin und her* ich bin vollkommen geliefert – es ist aber doch wirklich –! *Zieht die Uhr.* – E i n e Minute war's, sage und schreibe e i n e Minute – na, Glück muß der Mensch haben, Glück, Glück, Glück –

EIN FREMDER HERR *von rechts:* Sie wollten noch mit? *Weist hinaus.*

DER PASSAGIER: Ja, natürlich; Sie auch?

DER FREMDE: Ich? Nein.

DER PASSAGIER: Denken Sie, e i n e Minute! Es ist um verrückt zu werden. Die Kerle hätten mich aber auch noch übersetzen können. Jetzt kann ich zwei Tage in dem Nest hier warten oder doppelt soviel für Eisenbahnbilletts ausgeben. Es ist einfach zum Verzweifeln!

DER FREMDE: Meinen Sie? *Er zieht ein zusammengefaltetes Zeitungsblatt aus der Brusttasche.* Haben Sie schon die Morgenausgabe der Hamburger Nachrichten gelesen?

DER PASSAGIER: Wieso? Warum?

DER FREMDE *überreicht ihm das Blatt:* Vielleicht interessiert Sie die Nummer.

DER PASSAGIER: Sehr freundlich. Aber Sie berauben sich. Ich kann sie ja in jedem Gasthaus bekommen. Und jetzt augenblicklich –

DER FREMDE: Immerhin.

DER PASSAGIER *nimmt sie, etwas verwundert:* Nun denn, wie Sie wollen, mein Herr. Meinen besten Dank.

DER FREMDE: Keine Ursache. *Er grüßt und geht nach links ab.*

DER PASSAGIER *blickt ihm kopfschüttelnd nach, dann gedankenlos auf die Zeitung in seiner Hand:* Was s o l l ich denn damit! *Faltet sie unwirsch auseinander, stutzt leicht.* Was ist das? Furchtbares Schiffsunglück; fettgedruckt. Wo denn schon wieder? O Gott! Vor Christiansand? Da wär' ich ja auch vorbeigekommen. *Liest weiter.* Wie denn? Diana – so hieß doch auch mein Schiff. Was – ist – denn – das! Ah, eine alte Nummer, die mir der Mensch *sieht nach* – 14. Januar? Na natürlich, heut haben wir ja den 13. Was ist denn das nur? *Vertieft sich in den Text, entsetzt.* Aber – was – ist

– denn – das – nur!! Wort für Wort –! Bin – ich – denn
– wahnsinnig – geworden? *Ein Windstoß entführt das
Blatt aufs Meer.*
DER PASSAGIER *läßt sich auf die Bank fallen, bedeckt das
Gesicht mit beiden Händen, wie irr:* Um – Gottes –
willen –
Es dunkelt stärker und stärker.
*Am Rande des Kais, unhörbar und von dem in sich
Versunkenen unbemerkt, geht der Fremde, von links
zurückkommend, an ihm vorüber und verschwindet,
nach einem kurzen Blick auf ihn, lautlos, wie er gekommen.*

Der Vorhang fällt.

14. Wie Bernd und Frieder miteinander reden

BERND: Geh mir mal aus dem Weg!
FRIEDER: Warum?
BERND: Weil du mir im Weg stehst.
FRIEDER: Aber du kannst doch an mir vorbeigehn. Da ist eine Menge Platz.
BERND: Das kann ich nicht.
FRIEDER: Warum?
BERND: Weil ich geradeaus gehn will.
FRIEDER: Warum?
BERND: Weil ich das will. Weil du jetzt mein Feind bist.
FRIEDER: Warum?
BERND: Weil du mir im Weg stehst.
FRIEDER: Darum bin ich jetzt dein Feind?
BERND: Ja. Darum.
FRIEDER: Und wenn ich dir aus dem Weg gehe, bin ich dann auch noch dein Feind?

BERND: Ja. Weil du dann ein Feigling bist.
FRIEDER: Was soll ich denn machen?
BERND: Am besten, wir verkloppen uns.
FRIEDER: Und wenn wir uns verkloppt haben, bin ich dann auch noch dein Feind?
BERND: Ich weiß nicht. Kann sein.
FRIEDER: Dann geh ich dir lieber aus dem Weg und bin ein Feigling.
BERND: Ich hab gewußt, daß du ein Feigling bist. Von Anfang an hab ich das gewußt.
FRIEDER: Wenn du es schon vorher gewußt hast, warum bist du dann nicht an mir vorbeigegangen?

15. Wo ist der Neue?

1. Szene

Auf dem Pausenhof.

ROLAND: Ach, ist das heut langweilig. Nichts darf man mehr in der Pause machen.
ULLI: Fußballspielen mit Steinen ist auch verboten.
ROLAND: Wann kommt denn der Kurt endlich? Der wollte doch in der Pause herkommen.
ULLI: Dort ist er ja. Er hat uns schon gesehen.
ROLAND *geht mit Ulli dem Freund entgegen:* Da bist du ja.
KURT: Ich wollt' euch fragen, was ihr heute nachmittag macht.
ULLI *schnell:* Ist doch klar, Mensch. Fußballspielen natürlich.
ROLAND: Du mit deinem Fußball. Räuber und Schandi wär' mir lieber.
ULLI *überredend:* Schau mal heut das Wetter an, ist doch

ein richtiges Fußballwetter. – Aber etwas anderes. Wie findet ihr den Neuen?

KURT: Ja, es geht, aber ein bißchen komisch ist er.

ROLAND: Komisch auch und dürr. Da hast gleich Angst, daß du ihn umrempelst, wenn'st bloß an den hinkommst.

ULLI: Mensch, unser Mittelstürmer fehlt heut ja. Vielleicht kann der Neue wenigstens Fußball spielen.

KURT: Das ist wahr. Wir könnten ihn ja einmal fragen.

ULLI: Aber wie kommen wir an ihn ran?

ROLAND: Ich weiß was: Wir rempeln ihn einfach an und dann sehen wir schon, was er dann macht.

KURT: Und wer soll's machen?

ULLI: Der Roland natürlich, der ist doch der Stärkste.

ROLAND: Na ja, von mir aus. Also dann los.

Die drei schlendern unauffällig an den Neuen heran, und Roland rempelt ihn an.

ROLAND: He, wie ist denn das, kannst du nicht aufpassen?

NEUER: Ich hab doch gar nicht geschubst.

ALLE: Lüg nicht so! – Wir haben es doch gesehen.

NEUER: Nein, ich hab nicht geschubst.

ROLAND: Wenn du raufen willst, bist du bei mir richtig. Schau meine Muskeln an.

NEUER: Ich raufe nicht.

ROLAND *spöttisch:* Da könntest du dir weh tun, nicht?

ULLI: Hör auf, Roland. – *Zum Neuen:* Was anderes. Spielst du Fußball?

NEUER: Nein.

KURT *zu seinen Freunden:* Da macht er sich schmutzig und dann schimpft die Mami. »Mami« *spöttisch betont.*

NEUER: Warum soll ich, wenn ich keine Lust habe.

ROLAND *mitleidig:* Armer Junge. Hast du wenigstens eine Freundin?

NEUER: Nein. Ich hab einen Hund.
ROLAND: Hahaha! *Alle lachen.* Einen Hund.
KURT: Was denn für einen?
NEUER: Einen Pinscher.
ALLE *lachen schallend.*
ROLAND *lacht noch, während sich die anderen schon beruhigen:* Einen Pinscher – das hab ich mir gleich gedacht – ein Mini-Ding.
Alle lachen.
NEUER: Hört auf damit! Laßt mich in Frieden!
ROLAND: Kommt, gehen wir. Ich glaube, da ist jemand zuviel.
KURT: Ich geh, sonst mach ich noch ein Foul.
Die Mädchen kommen wie zufällig auf die Buben zu.
GERDA: Habt ihr mit dem Neuen gesprochen?
KURT: Blöde Frage. Ihr habt uns doch gesehen. Warum redet ihr immer um den Brei herum?
Die Mädchen gehen auf die Frage nicht ein.
KARIN: Sagt einmal, wie ist er denn?
KURT *spöttisch:* Wie halt einer ist, der nicht Fußball spielt, der keine Freundin hat und der nicht rauft *ahmt die Stimme des Neuen nach und sagt, was dieser gar nicht gesagt hat* – und raufen tu ich nicht, da schimpft die Mami.
GISELA *ein sonst schüchternes Mädchen:* Ihr seid gemein, gemein seid ihr.
ROLAND: Sei du still. Der paßt zu dir. *Alle lachen.* Der ist ein richtiger Schlappschwanz, wenn der aus der Tür kommt, dann hört man den überall klappern, so dürr ist der. Der hat drei Pfund Hosen und ein Pfund Arsch.
GISELA *geht weg und schreit:* Gemein seid ihr, ganz gemein!
Jetzt ertönt der Gong, zum Zeichen, daß die Pause aus ist.

ULLI: Immer, wenn's schön wird, gongt's. *Alle gehen zum Eingang.*

2. Szene

Die Klasse kommt aus dem Klassenzimmer auf den Flur, wo ihre Garderobe ist. Alle ziehen sich an, denn der Unterricht ist aus.

GERDA: Ich finde das ganz gemein, daß der Evi fünf Mark gestohlen worden sind.

KARIN: Ja, wirklich. Die sind sowieso stroharm.

GABI: Fünf Mark gleich, und dabei hätt' sie noch einkaufen sollen. – *Entrüstet:* Geh Karin, tu deine Füß' von der Bank runter.

KARIN: Brauchst mich doch nicht so anfahr'n.

GABI: Stimmt doch auch.

GERDA: Aber ich finde es auch gemein, daß es ihr gestohlen worden ist.

GABI: Und dann kriegt sie auch noch von ihrer Mutter geschimpft.

GERDA: Vielleicht sogar Prügel.

KARIN: Da fällt mir was ein. Eigentlich ist doch schon lange nichts mehr gestohlen worden. In der Klasse, meine ich.

GERDA: Ja, da hast du recht. Seit der Hildegard war eigentlich nichts mehr.

KARIN: Ja, die hat seither auch nichts mehr geklaut. *Alle schweigen und ziehen sich fertig an. Gabi ist fertig, steht nachdenklich da.*

GABI: Ich kapier nicht, daß plötzlich einer von uns klaut.

KARIN: Paß auf mein' Mantel auf – *plötzlich hört sie auf, sich anzuziehen.* Mensch, mir fällt was ein. Da ist doch der Neue da.

ALLE: Mensch ja – klar – ja sowas – nicht daran gedacht.

IRGENDEINE: Aber man kann ihn doch nicht gleich verdächtigen, weil er neu ist.
GERDA: Aber die ganze Zeit ist nichts mehr geklaut worden. Und jetzt kommt der Neue, und auf einmal wird wieder gestohlen.
EINE: Eigentlich stimmt's.
ANDERE: Vielleicht will wer auf den Neuen etwas schieben.
KARIN: Den kennt doch niemand. Also von uns kann das keiner sein. Das müßten wir doch wissen.
GERDA: Wißt ihr was, wir sagen's den Buben.
ALLE: Ui ja – die haben vielleicht auch einmal eine Idee.
GERDA: He Kurti, wir haben was für euch. *Kurt, Roland, Ulli, Peter etc. kommen neugierig her.*
PETER: Das wird was G'scheites sein.
GERDA: Wir haben da eine Idee gehabt, weil seit langem doch nichts mehr gestohlen worden ist. Und jetzt ist plötzlich der Neue da.
KARIN: Und plötzlich ist das Geld weg.
ULLI: Daran haben wir auch schon gedacht.
GERDA *bissig:* Auch schon gedacht? Und warum habt ihr nichts gesagt?
KARIN: Und getan habt ihr auch nichts.
ROLAND: Ach, wir wollten den ein bißchen ausquetschen.
KARIN: Wollten ... Das kann jeder sagen. Jedenfalls war's unser Einfall.
KURT: Du Roland, das ist eine Idee. Wir laden ihn in unser Clubhaus ein.
GISELA *überrascht:* Was? Ihr habt ein Clubhaus?
KURT: Klar.
KARIN: Und uns habt ihr nie eingeladen.
KURT: Das ist doch jetzt Wurst. Es geht doch um den Diebstahl. Ich weiß schon was *alle drängen neugierig*

heran. *Die Buben tuscheln miteinander. Freudige Gesichter.*

GERDA *überzeugt:* Das ist 'ne Falle. Kurt, du bist ein raffinierter Hund.
KURT *eitel:* Gelt, da staunst. – *Zu den Jungen:* Wer soll ihn denn einladen?
ULLI: Du doch. Du hast die Idee gehabt.
KURT *geschmeichelt:* Immer alles ich. Na ja, ich mach's schon. *Beim Abgehen.* Ich beeil mich, daß ich ihn noch erwische. Auf jeden Fall, um drei im Club. Servus!
ALLE: Servus, Kurt!

3. Szene

Im Clubhaus. Ulli steht am Fenster, die anderen richten noch die Stühle zurecht und unterhalten sich.

ULLI: Er bringt ihn mit. Mensch los, auf die Plätze. Und laßt euch nichts anmerken! *Ulli geht zur Tür.* Ah, da seid's ja. Servus *gibt dem Neuen die Hand.* Dort kannst dich hinsetzen.
KURT *nimmt auch Platz, zum Neuen:* Wie gefällt dir unser Clubhaus?
NEUER: Ganz schön.
KURT *zögernd:* Ja, das hat auch ganz schön gekostet.
ROLAND: Da müssen wir jetzt noch blechen.
ULLI: Jeden Monat fünf Mark. Ich spar schon wie ein Irrer.
KURT: Wir wollen nämlich ... wir müssen die Bretter noch bezahlen. *Pause – zum Neuen.* Sag, könntest du vielleicht auch – ich meine einmal, wenn'st dabei bist, etwas dazutun?
NEUER: Ich hab kein Geld – jetzt nicht.
ROLAND: Und die fünf Mark?
NEUER: Welche?

ULLI: Wir meinen doch bloß, wir sagen auch nichts. *Väterlich.* Gib's doch zu!
NEUER *erregt:* Was denn?
ROLAND: Das mit dem Geld.
NEUER *erregt:* Was für Geld denn?
KURT: Das du ... *macht mit der Hand eine Bewegung, die »stehlen« bedeutet* genommen hast.
NEUER *schaut einen Moment betroffen, dann erregt:* Ich hab nichts genommen. So was mach ich nicht.
KURT: Du kannst es ruhig zugeben. Wir sagen ja nichts.
NEUER *verzweifelt:* Aber ich mach doch so etwas nicht.
ULLI: Einer hat's aber gesehen.
NEUER: Du lügst. – Und gemein seid ihr, gemein! *Er springt auf und rennt weg.*
ROLAND: Da seht ihr's. Der hat's geklaut.
ULLI: Genau. Warum rennt er denn weg?
KURT: Wo ich ihm doch gesagt hab, daß wir nichts verraten.
ULLI: So ein heimtückischer Lump!
KURT: Und morgen sagen wir's dem Lehrer.
ROLAND: Dann staunt er. Selber hat er nichts herausgebracht. *Sie stehen auf und gehen erregt diskutierend ab.*

4. Szene

Im Rektorat der Schule. Anwesend sind der Rektor, die Mutter, ein Polizist und der Klassenlehrer der 6. Klasse.

REKTOR: Moment, ich laß die Jungen holen.
Macht eine Durchsage über den Lautsprecher.
Kurt, Ulli und Roland aus der 6a sofort ins Rektorat.
Pause, der Rektor geht unruhig auf und ab. Es klopft.
Ja, ah, da seid ihr ja!
Die Jungen treten ein.

JUNGEN: Guten Tag, Herr Rektor!
REKTOR *ernst:* Wißt ihr schon, was passiert ist?
ROLAND: Nein!
ULLI und KURT: Nein!
REKTOR: Der Neue aus eurer Klasse ist nicht mehr heimgekommen. Da ist die Mutter, die macht sich Sorgen, und ... die Polizei, die sucht ihn schon. *Pause.* Wißt ihr was von dem Neuen?
ULLI *zögernd:* Ja – wir haben ihn eigentlich nur in unseren Club eingeladen, nur so – zum Spielen.
REKTOR: Aha!
ROLAND: Weil er doch neu ist.
REKTOR: Das habt ihr euch sauber ausgedacht. Bloß die Mädchen sagen anders. Raus jetzt mit der Sprache!
KURT *zögernd und etwas stotternd:* Wir, wir haben ihn in unser Clubhaus eingeladen. Wir wollten ihm eine Falle stellen, wegen der fünf Mark. Der Ulli hat aufgebracht, daß einer gesehen hat, wie er's genommen hat – daß er's zugibt.
ULLI: Und dann hat er die Wut gekriegt und ist einfach abgehauen.
ROLAND: Bestimmt. Wir wissen aber nicht, wohin.
REKTOR: So, davongelaufen.
KURT: Und wir haben geglaubt, daß er's war, weil er abgehauen ist.
POLIZIST: Ja, Herr Rektor, das hilft auch nicht weiter. Ich komme gelegentlich vorbei. Auf Wiedersehen.
MUTTER: Ach, der arme Junge! Er hat sich so gefreut, daß er endlich wieder Freunde hat – *zögernd* er war ja so niedergeschlagen, seit das mit seinem Vater war.

16. Adam Riese und der Große Krieg

Personen: ADAM RIESE, *Rechenmeister,* CONRAD SCHNEE-BELLI, *sein Gehilfe,* RAMPA ZAMPA, *General*

Frühjahr des Jahres 1535. Lautenmusik. In Adam Rieses Haus zu Annaberg: Meister Riese und sein Gehilfe Conrad Schneebelli.

ADAM RIESE: Mein lieber Conrad Schneebelli –!
CONRAD: Meister Adam Riese –!
ADAM RIESE: Mein lieber Conrad Schneebelli –: Deine Musik ist schön. Du hast viel gelernt.
Pause. Schneebellis Lautenspiel für einen Augenblick nah und kräftig.
CONRAD: Meister Adam Riese – was tun wir jetzt mit dem Kerl?
ADAM RIESE: Bitte laß ihn herein!
Lautenspiel bricht ab.
CONRAD: Hereinlassen. – Hereinlassen?
ADAM RIESE: Durch die Tür meinetwegen.
CONRAD: Meister Adam Riese – ist das gut überlegt?
ADAM RIESE: Gut. – Was ist mit dem Kerl?
CONRAD: Er sieht grimmig aus. Etliche Säbel.
ADAM RIESE: Wird er uns beißen? Niederschlagen?
CONRAD: Beißt oder schlägt er, so helfe ich ihm nach draußen. Ich bin Euer Gehilfe!
ADAM RIESE: Also laß ihn herein!
CONRAD *von der Tür aus:* Meister Adam Riese läßt bitten –!
Paukenschlag. Näherschreiten des Besuchers von der Tür aus in Begleitung von Paukenschlägen, Geklirr: die Säbel, die Rüstung.
RAMPA ZAMPA: Da bin ich!
ADAM RIESE: Mit einer umgehängten Pauke. Und wer?

RAMPA ZAMPA: Gene-raaa-aaahl Rampa Zampa! Spreche ich Adam Riese?
Leichter Paukenwirbel.
ADAM RIESE: Es stimmt. Bitte setzt Euch!
RAMPA ZAMPA: Wir sind nicht allein! Was soll das mit der umgehängten Laute?
Kurzer Lautenakkord.
CONRAD: General Rampa Zampa, ich bin Conrad Schneebelli, Gehilfe des Meisters Adam Riese.
RAMPA ZAMPA: Verstehe, du hörst mit!
ADAM RIESE: Ich rechne mit seiner Musik. Das ist es.
RAMPA ZAMPA: Ja, heiß ist es!
ADAM RIESE: Zieht Euch aus – bis auf das Notwendige! Conrad Schneebelli wird Euch behilflich sein.
RAMPA ZAMPA *schnell:* Nein! Geh weg! *Lautenakkorde und Paukengeklirr im Widerstreit.* Rampa Zampa muß in den Krieg!
ADAM RIESE: In den Krieg? Wie geht's denn?
RAMPA ZAMPA: Sorgen. Ich habe wenig Geld, etwas Gold. Zu wenig! Die paar Goldtaler müssen reichen! Aber wie reichen sie, wenn ich den Krieg gewinnen will? Das ist meine Sorge. Darum bin ich hier! Ich bin Feldkanonengeneral, ich lernte bei einem Hellebardeur des Frundsperg!
ADAM RIESE: Was lerntet Ihr?
RAMPA ZAMPA *Paukenschlag:* Alles. Den Säbelgang, den Schwerthieb, den Luntentopf.
ADAM RIESE: Was ist das?
RAMPA ZAMPA *stolz:* Zu schwer, um es zu erklären!
CONRAD: Aha. *Lacht.*
RAMPA ZAMPA: Was lachst du?! Meister Adam Riese, was lacht dieser Gehilfe?!
ADAM RIESE: Er ist jung, General.
RAMPA ZAMPA: Als i c h jung war, feilte ich die eisernen

Bolzen meiner Armbrust, bis sie spitz waren wie eine Nadel! *Paukenschlag kurz.* Ich schoß auf Krähen.

ADAM RIESE: Sie werden sehr alt. Hundertjährige Krähen. Manche Krähe überlebt uns.

RAMPA ZAMPA *erstaunt:* Stimmt das?

ADAM RIESE: Es stimmt. Ich hab's errechnet.
Pause. Lautenakkord.

RAMPA ZAMPA *wütend:* Er soll aufhören!

ADAM RIESE: Gut! – *Lautenspiel zu Ende.* Was wollt Ihr trinken und essen, General?

RAMPA ZAMPA: Honigwein, wenn Ihr habt. Rauchfleisch.

CONRAD: Meister Adam Riese –!

ADAM RIESE: Ja, bitte das Frühstück!
Conrad Schneebelli zur Tür, öffnet sie, schließt sie. Von fern tänzerisches Lautenspiel.

RAMPA ZAMPA: Er spielt schon wieder. Hol das der Teufel!

ADAM RIESE: Was soll der Teufel damit?

RAMPA ZAMPA: Die Laute verbrennen.

ADAM RIESE: Leute?

RAMPA ZAMPA: Die Laute!

ADAM RIESE: Legt doch das Eisen ab. Ihr könnt ja kaum atmen. Die Pauke behindert Euch beim Frühstück!

RAMPA ZAMPA: Warum ist es so heiß?

ADAM RIESE: Ein Frühjahr.

RAMPA ZAMPA: Ein Frühjahr. Hat ein Frühjahr heiß zu sein? Was ist los mit der Welt, Meister Adam Riese?

ADAM RIESE: Zu schwer, um es zu erklären. Die Welt wie Euer Luntentopf. Schwer zu erklären.

RAMPA ZAMPA: Ich brauche den Krieg.

ADAM RIESE: Gewiß. Und wie?

RAMPA ZAMPA: Groß. Groß.

ADAM RIESE: Nur die Sorgen! Knappes Geld.

RAMPA ZAMPA: Ihr müßt helfen. Ich zahle, was Ihr verlangt!

Tür wird geöffnet, nachdem Lautenspiel zu Ende. Conrad betritt den Raum, bringt das Frühstück.

ADAM RIESE: Conrad, nimm dem Herrn General die Pauke ab!

CONRAD: Herr General –!

RAMPA ZAMPA: Vorsichtig! – So! Ja, so!

CONRAD: Möchtet Ihr die Pauke vor Augen haben, wenn Ihr frühstückt?

RAMPA ZAMPA: Stell sie auf den Tisch!

CONRAD: Vorsichtig?

RAMPA ZAMPA: Was heißt das?

CONRAD: Ob ich die Pauke vorsichtig hinstellen soll?

RAMPA ZAMPA: Die Pauke war in der Schlacht. Was heißt da: Vorsichtig?!

CONRAD: Nur weil Ihr sagtet: Vorsichtig!, als ich die Pauke abnahm.

RAMPA ZAMPA: Gieß ein! Eingießen!

CONRAD: Voll? – Bis an den Rand?

RAMPA ZAMPA: Genug!

CONRAD: Genug Honigwein. Gute Mahlzeit.

Rampa Zampa trinkt.

ADAM RIESE: Wollt Ihr nicht die Ketten ablegen, General?

RAMPA ZAMPA *Krug auf den Tisch:* Ketten? Ein Soldat und Ketten?

CONRAD: Der Meister versteht nichts von Eurer Kleidung.

RAMPA ZAMPA: Das ist ein Schuppenpanzer.

ADAM RIESE: Wollt Ihr nicht den Schuppenpanzer etwas öffnen?

RAMPA ZAMPA: Ich hab keine Zeit. Der Krieg wartet nicht.

ADAM RIESE: Laßt ihn laufen, wenn er nicht wartet! Hol ihn der Teufel, wenn er auf seinen Freund nicht war-

ten kann. Ein schöner Krieg, der auf seinen besten General nicht warten kann!
CONRAD: Darf ich den Schuppenpanzer oben leicht öffnen?
RAMPA ZAMPA *unsicher:* Zwei Haken aushaken!
CONRAD: Ein Haken –!
RAMPA ZAMPA *brüllt:* Au –!
ADAM RIESE: Was ist, General Rampa Zampa?!
CONRAD: Der Bart des Generals –!
RAMPA ZAMPA: Er hat – verflucht! – er hat gegrinst und die Barthaare eingeklemmt in den Haken!
ADAM RIESE: Mein lieber Conrad Schneebelli –!
CONRAD: Meister Adam Riese –!
ADAM RIESE: Gib uns Honigwein. Trink mit uns auf das Frühjahr Fünfzehnhundertfünfunddreißig. Euer Wohl, General!
Sie trinken, Krüge auf den Tisch zurück.
RAMPA ZAMPA: Zweitausend Mann. Errechnet mir, was der Mann den Tag braucht. Bei Gerstenbrot, Fleisch, Tabak. Das Bier, ein Liter. Honigwein nach der Schlacht, der Mann drei Liter.
CONRAD: Nach der Schlacht fehlen einige.
ADAM RIESE: Die werden nicht mitgerechnet.
RAMPA ZAMPA: Jeder dritte die Hellebarde, jeder einzelne z w e i Degen. Jeder den Schuppenpanzer stichfest. Beinkleider mit Knieplatten und Wadenschiene. Barette für die Hauptleute, Sturmzipfel für die übrigen.
CONRAD: Sturmzipfel – wie schön!
RAMPA ZAMPA: Die Schlachtmütze, du Narr!
ADAM RIESE: Was fehlt noch?
RAMPA ZAMPA: Pauken. *Er paukt zweimal.*
ADAM RIESE: Ihr habt eine. Genügt nicht?
RAMPA ZAMPA: Dreißig Mann. Eine Pauke für dreißig? Notfalls für vierzig! Sonst, bei der Schlacht, kann keiner was hören. Pauken sind teuer geworden.

ADAM RIESE: Stärkt Euch, General!
CONRAD: Eßt alles auf! Rauchfleisch ist noch im Keller! Etwas Tischmusik? *Kurzer Akkord.*
RAMPA ZAMPA: Dein Meister rechnet! Dein Meister – *er hat sich verschluckt, er hustet.*
ADAM RIESE: Conrad, der General hat sich verschluckt! Schlag ihm vorsichtig auf den Rücken!
Conrad schlägt auf den Schuppenpanzer.
RAMPA ZAMPA: Au –! Laß sein! Das sind Fausthiebe, das sind –! *Er räuspert sich.*
ADAM RIESE: Es sind v i e r t a u s e n d Taler nötig insgesamt. Sie reichen für z w e i t a u s e n d Mann s i e b e n Tage. Euer Krieg darf e i n e Woche dauern.
RAMPA ZAMPA: Ich besitze keine tausend.
CONRAD: Vielleicht macht Ihr eine Beute?
RAMPA ZAMPA *er »überlegt«:* Meister Adam Riese – errechnet nun, wieviel Taler sind nötig, wenn die Schuppenpanzer wegfallen.
ADAM RIESE: Eure Leute o h n e Schuppenpanzer?
CONRAD: Das ist unvorsichtig, General!
RAMPA ZAMPA *schreit:* Ohne!
ADAM RIESE: Dann darf der Krieg d r e i Wochen dauern.
RAMPA ZAMPA *wütend:* Ich wollte einen großen Krieg! Errechnet mir das!
ADAM RIESE: Dann fort mit den Hellebarden! Dann darf der Krieg z w e i Monate dauern. Langsam wird er größer.
CONRAD: Vielleicht macht Ihr eine Beute!
RAMPA ZAMPA: Gut, ohne Hellebarden!
ADAM RIESE: Wieviel Taler besitzt Ihr genau?
RAMPA ZAMPA *schlägt an einen schweren Beutel:* Neunhundertachtzig in Gold.
ADAM RIESE: Nehmt nur t a u s e n d Mann. Dann habt Ihr einen Krieg über v i e r Monate.
RAMPA ZAMPA: Notfalls müssen wir plündern.

ADAM RIESE: Notfalls. Aber das habt Ihr nicht nötig. Müssen Eure Hauptleute unbedingt Barette tragen?
RAMPA ZAMPA: Gut, ohne Barette!
ADAM RIESE: Dann habt Ihr einen Krieg über ein **halbes Jahr**. Und die Beinkleider mit Knieplatten und Wadenschiene? Ist das nötig, wenn man tapfer voranstürmt?
RAMPA ZAMPA: Also ohne Knieplatten und Wadenschiene!
ADAM RIESE: Das ist **ein Monat** mehr, General! Wenn Ihr einen Krieg haben wollt, der **zwei Winter** überdauert, so nehmt nur **fünfhundert Mann**. Dann habt Ihr einen Krieg über **anderthalb Jahre**.
CONRAD: Langsam wird er größer.
ADAM RIESE: Und Sturmzipfel?
RAMPA ZAMPA: Die Schlachtmütze – ja!
ADAM RIESE: Verzichtet darauf. Der Feind soll die Stirn Eurer Soldaten fürchten. Außerdem –
RAMPA ZAMPA: Ohne Sturmzipfel! Völlig richtig! Meister Riese, das wird ein großer Krieg!
ADAM RIESE: Vorher müßt Ihr essen. Conrad, bitte gieß den Krug voll – der General hat noch etwas vor sich!
CONRAD: Verzichtet doch auf den Honigwein für Eure Soldaten nach der Schlacht.
ADAM RIESE: Richtig, es stimmt. Das spart Euch **eine Woche**.
RAMPA ZAMPA *kauend:* Gut, gut – kein Honigwein! Wie lange geht da der Krieg?
ADAM RIESE: Den **fünfundsiebzigsten** Teil eines Lebens, das eine Krähe lebt, wenn sie nicht abgeschossen wird.
CONRAD: Es sind anderthalb Jahre, General.
RAMPA ZAMPA: Errechnet, Meister Riese, errechnet, was verlängert den Krieg? Was? –
ADAM RIESE: Nehmt **dreihundert** Mann. Gebt jedem

nur einen einzigen Degen. Oder jedem dritten.- Die anderen suchen Knüppel und Stangen. Eisenzeug. Da habt Ihr einen Krieg, der wird unvergeßlich für Euch. Und groß!

RAMPA ZAMPA: Aber Pauken! Pauken sind teuer! *Er paukt.* Wir verzichten auf eintausendsiebenhundert Mann. Wir verzichten auf Schuppenpanzer stichfest. Auf die Hellebarden! *Er schlägt wilder auf die Pauke.* Notfalls müssen wir plündern! Die Hauptleute ohne Baretten! Die Beinkleider ohne Knieplatten und Wadenschiene! Und fort mit der Schlachtmütze! Keine Sturmzipfel, dafür die Stirn! Kein Honigwein nach der Schlacht!

ADAM RIESE: Kein Bier vor der Schlacht! Drei Wochen gewonnen!

RAMPA ZAMPA: Dreihundert Mann. Jeder dritte einen Degen! Knüppel und Stangen für die andern. Eisenzeug, was rumliegt! Aber Pauken, Pauken sind teuer –!

ADAM RIESE *ruft:* Ohne Pauken. Nur Eure. Eure genügt!

RAMPA ZAMPA: Ohne Pauken?

ADAM RIESE: Nehmt hundert Mann, General –!

CONRAD: Das macht ihn größer, den Krieg. Meister Adam Riese errechnet Euch einen Krieg über viele Jahre.

RAMPA ZAMPA: Hundert Mann. *Er hört auf zu pauken.* Hundert Mann? Eins, zwei, drei, zehn, dreißig, achtzig, hundert. Schon hundert. Und wenn's nach der Schlacht nur dreißig sind?

CONRAD: Vielleicht macht Ihr Gefangene! Vielleicht eine Beute?

RAMPA ZAMPA: Hundert?

ADAM RIESE: Nehmt fünfzig Mann, General. Der Krieg dauert ein Zehntel Krähenleben.

CONRAD: An die zehn Jahre, General Rampa Zampa. Noch Rauchfleisch?

RAMPA ZAMPA: Fünfzig Mann? – Zehn Jahre? Fünfzig Mann? – Zehn Jahre?

CONRAD: Vielleicht erbeutet Ihr eine Kanone. Ihr versteht Euch auf Luntentöpfe.

RAMPA ZAMPA *der sich nicht zurechtfindet:* Fünfzig Mann? *Er rätselt, schreit.* Fünfzig Mann –? Das ist – kein Kriegsvolk, das ist ein Haufen –!
Pause. Das Gepauke unterbleibt. Schweigen.

CONRAD: Es stimmt, General. Meister Adam Riese denkt an einen Haufen.

RAMPA ZAMPA *verstört:* Stimmt das, Meister Riese?

ADAM RIESE: Es stimmt, General Rampa Zampa. Ich denke an einen Haufen ...

CONRAD: Gold.

RAMPA ZAMPA: Gold?

ADAM RIESE: An genau neunhundertachtzig in Gold.

RAMPA ZAMPA: Alles, was ich besitze!

ADAM RIESE: Ihr habt versprochen: Ich zahle, was Ihr verlangt. Für meine Rechenarbeiten, denen zugrunde liegt ein zehnjähriger Krieg, berechne ich neunhundertachtzig Taler in Gold.

CONRAD: Laßt den Beutel ruhig unter dem Tisch. Ihr nehmt ihn ja nicht mit.

RAMPA ZAMPA: Das ist – Raub! *Entsetzt.* Ratten, ihr seid Ratten!

ADAM RIESE: Das ist ungerecht, General.

CONRAD: Noch etwas Honigwein?

RAMPA ZAMPA: Ratten!

CONRAD: Psst, nicht so laut!

RAMPA ZAMPA: Räuber! – Ihr habt mir meinen Krieg gestohlen!

ADAM RIESE: Stimmt nicht. Kostenlos errechne ich noch: Geht a l l e i n, nehmt E u c h a l l e i n mit in den Krieg. Geht in d i e s e m Schuppenpanzer, mit d i e s e r Pauke. Paukt Euch voran, General Rampa Zam-

pa! Geht allein, vielleicht erbeutet Ihr irgendwas
Wertvolles.
CONRAD: Eine Kanone vielleicht.
RAMPA ZAMPA *schreit:* Schämt ... Ihr ... Euch nicht?
Draußen ein unbestimmtes Gekrächz. Was ist das?
Was das ist?
ADAM RIESE: Mein lieber Conrad Schneebelli –!
CONRAD: Meister Adam Riese –!
ADAM RIESE: Bitte geh raus durch die Tür ...
RAMPA ZAMPA *verängstigt:* Durch die Tür ...?
ADAM RIESE: Bitte schau nach, was da so – ja, d a s da,
d a s meine ich!
*Schritte zur Tür, Türöffnen, Stimme Conrads von
dort.*
CONRAD: Krähen. Es sind Krähen!

III. Arbeitsvorschläge

Die vorliegenden 16 Spieltexte können in drei Gruppen eingeteilt werden:

A. Witzige und heitere Stücke
B. Komisch-groteske Spiele
C. Nachdenkliche und problemorientierte Spiele

Dabei gibt es in allen drei Gruppen Stücke unterschiedlicher Schwierigkeitsgrade. Diese bestehen bei den Texten der ersten beiden Gruppen vor allem in den verschiedenen Arten des Humors, angefangen bei einfachen Formen von Situationskomik über Sprachkomik bis hin zum grotesken und schwarzen Humor. Aber auch im thematischen und inhaltlichen Bereich gibt es Schwierigkeitsunterschiede, wie vor allem die dritte Textgruppe zeigt.
Welche der Spiele sich jeweils für eine bestimmte Klasse eignen, sollte vom Lehrer selbst beurteilt werden, da ja in den vorgesehenen Altersstufen unterschiedlichste Voraussetzungen vorliegen, wenn man nur an die verschiedenen weiterführenden Schularten denkt.

A. *Witzige und heitere Stücke.* Die ersten vier Spiele sind von ihrer Struktur als Zwei- bzw. Drei-Personen-Stücke her einfach. Ein Spieler muß sich im Dialog jeweils nur zu einem zweiten Spieler hin orientieren. Dagegen sind die Anforderungen in der Mimik und Gestik sowie im sprachlichen Ausdruck sehr differenziert. Dies hängt damit zusammen, daß die Spiele manchmal ohne äußeren Handlungsablauf bleiben und nur auf den Dialog reduziert sind (z. B. *Taktik* und *Die berechtigte Ohrfeige*).
Im ersten Stück *Taktik* ist es vor allem die Mimik, welche den Stimmungswandel der Personen verdeutlichen muß. Die zunehmende Angst des 1. Herrn und der scheinbare Ernst im Gesicht des 2. Herrn, der dann einem vergnüglichen Ausdruck Platz macht, müssen sich deutlich widerspiegeln.

Auch in *Emil, die Polente kommt* spielen Mimik und Gestik eine entscheidende Rolle. Insbesondere im zweiten Teil des Stückes, nachdem Ede seinen Kumpan niedergeschlagen hat, müssen seine zunehmende und in seinen beschwörenden Worten zum Ausdruck kommende Angst und Sorge sichtbar werden. Dies hält so lange vor, bis er die List von Emil durchschaut hat. Und nun greift er seinerseits zu einer List, welche er dem Publikum mimisch und gestisch signalisiert.

Das Spiel *Die berechtigte Ohrfeige* stellt hohe sprachliche Anforderungen an den einen Spieler. Er übersetzt ein beobachtetes Geschehen in Sprache, um damit seine Handlungsweise verständlich zu machen. Nun ist es aber die Sprache, mit der die Umständlichkeit der Dame beschrieben wird, welche den Zuhörer entnervt. Der Akzent verlagert sich vom Geschehen auf die Beschreibung des Geschehens. Auf der anderen Seite muß der Mitspieler die entnervende Wirkung mimisch und gestisch darstellen (abwehrende Handbewegungen, Ohren zuhalten, Grimasse schneiden).

Auch der vierte Text *Der Milchtopf* ist nahezu ohne Handlung. Das Spiel lebt von der feindseligen Haltung, mit der die beiden Jungen sich begegnen, und den daraus resultierenden herausfordernden Reden, welche das Spiel zum einzigen Handlungsmoment hintreiben. Die Pointe am Schluß erklärt gleichzeitig das provozierende Verhalten des einen.

Die folgenden beiden Stücke unterscheiden sich von den vorangehenden durch Umfang, Zahl der Mitspieler und vor allem Handlungsreichtum. Die Szene *Eulenspiegel und die Metzger* zeigt alle Merkmale des Schwankes. Ohne problematische Hintergründigkeit verlaufen die Ereignisse, Ziel sind allein Belustigung und harmlose Schadenfreude. Formal ist das Stück wie eine Rückblende angelegt. Eulenspiegel tritt auf und spricht von einem Erlebnis, das er einmal hatte. Dieses Erlebnis erscheint nun als Spiel. Beim Spiel sollte man darauf achten, daß das Marktgeschehen recht lebhaft verläuft. Es könnten weitere Stände (Würstchen, Blumen) hinzukommen, auch die Zahl der möglichen Käufer kann vergrößert werden. Das Anpreisen der Waren sollte als lautes Durcheinander am Anfang stehen. Mit dem Auftreten der Metzger geht das Geschrei allmählich zurück, so daß der Dialog der beiden deutlich hervortritt. Zwischen den einzelnen Dialogphasen (Metzger – vornehmer Herr; Eierfrau – Hausfrau, Metzger – Eulenspiegel usw.) kann dann das allgemeine Marktgeschehen immer wieder hervortreten. Bei den Dialogen von Eulenspiegel mit dem Metzger sollten sich die übrigen Mitspieler jedoch immer neugierig nähern.

Das alte Zählmaß »Mandel« sollte bei der Aufführung durch ein bekanntes Maß, z. B. Dutzend, ersetzt werden.

Das folgende Spiel *Ein Drehtag im Studio 13* erzielt seine Komik durch das Mittel der Travestie: das bekannte melodramatische Kitsch-Motiv wird durch formale Veränderungen in der Spielweise immer lächerlicher. Es ist in das Ermessen der Spielgruppe gestellt, ob alle vorgegebenen Varianten »durchgeprobt« werden sollen, oder ob man auf die eine oder andere Variante verzichtet und sie vielleicht durch eigene Vorstellungen ersetzt. Insgesamt handelt es sich um ein Spiel im Spiel, bei dem die Zuschauer als Teilnehmer einer Spielprobe fungieren. In diese Rolle werden sie durch den Ansager gebracht. Er steht gewissermaßen als Vermittler zwischen den Zuschauern und den »Schauspielern«, welche die Szene proben. Ähnlich ist die Rolle des Regisseurs. Ansager und Regisseur sind die beiden Personen, die sich auf der äußeren Spielebene mit längeren Redepassagen an die Zuschauer (Probenbesucher) bzw. Schauspieler wenden. Auf der äußeren Spielebene agieren auch noch Kameramann und Beleuchter. Das innere Spiel lebt fast ausschließlich von gesten- und mimikreicher Handlung, denn es werden im ganzen Probenspiel immer nur dieselben fünf Worte gesprochen.

Die »Echtheit« der Dreharbeiten könnte man dadurch noch steigern, daß ein weiterer Mitspieler vor jeder neuen Probe mit der bekannten Klappe auftritt und eine entsprechende Ankündigung macht, etwa »Szene läuft« oder »Film ab«.

Das Spiel vom weisen Kadi stellt eine Gerichtsszene dar. Der Zuschauer erfährt die Ereignisse, um die es geht, aus Rede und Gegenrede. Die Handlung selbst beschränkt sich auf das Auf- und Abtreten von Personen. Die Vorrangstellung der Sprache wird noch durch die im Rhythmus und Reim gebundene Form unterstrichen. Ziel der Arbeit am Text muß deshalb der angemessene Vortrag sein, der durch entsprechenden mimischen und gestischen Ausdruck untermalt wird.

Zu den Klassikern des Lustspiels gehört das Fastnachtsspiel *Der fahrende Schüler im Paradies* von Hans Sachs. Der Inhalt dieses Drei-Personen-Stückes ist leicht überschaubar.

Die gutmütig-einfältige Bäuerin wird von dem schlauen und geistesgegenwärtigen fahrenden Schüler ausgenutzt und um Geld und Kleidungsstücke erleichtert. Der geizige und bösartige Bauer durchschaut die List des Fremden und will ihn verfolgen, um ihm die Gaben der Frau für ihren ersten Mann wieder abzunehmen und ihn darüber hinaus noch zu verprügeln. Am Ende ist er jedoch selbst der Dumme.

Das Stück läßt sich in drei Akte einteilen, welche vom Ort her bestimmt sind. Zum ersten Akt würde all das gehören, was sich im Haus, in der Bauernstube abspielt. Der zweite Akt spielt dann im Freien, und zwar am Rande des Moors. Schwieriger verhält es sich allerdings mit der Lokalisierung des dritten Aktes. Hier ereignen sich mehrere Dinge: Die Bäuerin wartet auf ihren Mann, vermutlich in der Nähe des Bauernhofes; der Bauer erkennt, daß er hereingelegt wurde; er befindet sich also an jener Stelle am Rande des Moors, wo der Schüler auf ihn warten sollte. Dann kommt plötzlich die Frau hinzu, und die beiden befinden sich dann am Bauernhof. Diese Unklarheit vom Aufbau her könnte beim Spiel so gelöst werden, daß man einen Platz wählt, der zwischen beiden Orten liegt, damit das Auftreten beider Personen glaubwürdig bleibt. Beim Einstudieren des Stückes sollten die Monologe besonders beachtet werden, weil darin die Eigenschaften und Charakterzüge der einzelnen Personen am deutlichsten hervortreten. Hier müssen Sprache, Mimik und Gestik besonders ausdrucksvoll sein. Insgesamt könnte die Sprache den Schülern einige Mühe bereiten, denn trotz der Bearbeitung der sprachlichen Form der ursprünglichen Fassung gibt es noch einige Ausdrücke und Redewendungen, mit denen die Schüler erst vertraut gemacht werden müssen. Die lyrische Form wirkt zusätzlich erschwerend.

B. *Komisch-groteske Spiele*. Auch in den vier Texten der folgenden Gruppe überwiegt die Komik. Zwar enden sie alle nicht »gut« – der Hasenbraten ist verbrannt; der Kunde verpaßt den Zug, gerade weil er das Auskunftsbüro aufsucht; der Tourist und seine Tochter bekommen nichts zu essen, bezahlen aber; und im letzten Stück sind schließlich alle tot –, aber die Art und Weise, wie die Ereignisse ablaufen und das Ende zustande kommt, macht das Geschehen und den Schluß lächerlich.

In den drei Spielen *Der Hasenbraten*, *Der Schalter* und *Zum stillen Winkel* überwiegt der Dialog. Handlung ist nur illustrativ vorhanden, sie verdeutlicht gelegentlich das Gesagte. Der Zuschauer erfährt über Rede und Gegenrede das zum Verständnis Notwendige. Dies bedeutet wieder, daß der sprachlichen Gestaltung und dem mimisch-gestischen Ausdruck bei der Vorbereitung der Spiele größte Beachtung zukommt; denn nur durch sie wird das Wesen der Personen und das Groteske des Geschehens sichtbar. Ganz gegenteilig verhält es sich mit dem Stück *An allem ist die Katze schuld*. Verschiedene Ebenen der Komik wirken zusammen und lassen die »Tragödie« lächerlich erscheinen. Auf der Handlungsebene ist es das Ursache-Wirkung-Verhältnis, das in einem grotesken Mißverhältnis steht. Das auffallendste Merkmal des Spiels ist jedoch ohne Zweifel der sprachliche Kommentar zur eigenen Person und zum eigenen Handeln.

Das Spiel ist wie eine Probe angelegt; und so könnte es auch aufgeführt werden. Der Spielleiter könnte dem Publikum ankündigen, daß man ein Schauspiel habe aufführen wollen, nun habe die Zeit nicht mehr gereicht, um alles zu lernen und zu üben. Deshalb hätten die Spieler auch alle ihre Textblätter dabei und würden ablesen. Der Spielleiter könnte aber auch so tun, als ob man gerade erst mit den Proben des Spiels anfangen wolle und das Publikum dabei zusehen ließe. Dies kann sich auf die Kostümierung auswirken. Sie erscheint improvisiert, aber stark übertrieben. Je nachdem, welche Einleitung man wählt, könnten sich die Spieler sogar aus einer mitgebrachten Kleiderkiste auf der Bühne verkleiden. Beim Spiel ist darauf zu achten, daß die Spieler zuerst die Anmerkung zur eigenen Person lesen und dann handeln. Das Spiel könnte zusätzlich noch eine groteske Note gewinnen durch eine eigenwillige Rollenbesetzung (der König schmächtig, der Herzog klein und rundlich, die Prinzessin groß; oder alle Personen werden von Jungen gespielt).

C. *Nachdenkliche und problemorientierte Spiele.* Die folgenden vier Spiele haben ernsten Charakter. Sie hinterlassen dem Zuschauer nicht die Lösung von Problemen, sondern stellen ihn vor die Aufgabe, die dargestellten Sachverhalte zu bedenken.

Das erste Spiel *Eine Minute* von Christian Morgenstern reicht in den Bereich des Surrealen und Übernatürlichen. Der Passagier ist wütend, weil er das Schiff verpaßt, er sieht nur die Unannehmlichkeiten, welche ihm durch die eine Minute Verspätung entstehen. Durch den Vorgriff auf die Zukunft schlagen seine Gefühle um.

Die Rolle des Passagiers ist nicht leicht zu spielen. Seine anfänglichen Gefühlsausbrüche, der Umschwung über Resignation bis hin zum Entsetzen erfordern spielerisches Können.

In dem kurzen Dialog *Wie Bernd und Frieder miteinander reden* wird die Streitsucht des Jungen Bernd demaskiert. Das handlungsarme Spiel ist wieder auf die Charakterisierung der beiden Personen durch Mimik und Gestik angewiesen. Eine provozierende, drohende und höhnische Haltung steht einer mutigen, bedachten und überlegten Reaktion gegenüber. Mit der Beurteilung der Verhaltensweisen wird der Zuschauer allein gelassen.

Das Stück *Wo ist der Neue?* ist das Ergebnis einer konkreten Unterrichtsarbeit. Dem Spiel sind folgende Hinweise vorangestellt:

»Ausgangspunkt war der folgende vom Lehrer erfundene Vorfall: In eine 5. Klasse kommt eines Tages ein neuer Schüler. Er benimmt sich sehr zurückhaltend. Das macht seine Mitschüler neugierig. Sie verwickeln ihn in ein Gespräch, sind aber von seinen Ansichten enttäuscht. Als eines Tages auf unerklärliche Weise Geld in der Klasse wegkommt, wird der Neue verdächtigt. Die Schüler versuchen nun, den Fall auf eigene Faust zu lösen. Das mißlingt. Die Folge ihres Verhaltens ist, daß der Neue von zu Hause wegläuft und durch die Polizei gesucht werden muß.

Um ein Spiel daraus zu machen, mußten die Schüler
die Handlung vervollständigen,
Ort und Zeit der Ereignisse festlegen,
eine Einteilung in Spielabschnitte (Szenen) vornehmen und überlegen, welche Rollen für das Spiel wichtig sind,
was sie in den einzelnen Szenen zu spielen und
wann sie aufzutreten haben.

Dann wurde das Spiel erprobt und gleichzeitig dazu der Text ausgedacht. Dieser Text wurde auf ein Tonband aufgenommen und hier abgedruckt. Doch das Spiel ist noch nicht abgeschlossen. Es kann sich jeder den Ausgang selbst ausdenken. Möglich ist es auch, die Spielhandlung von der vorgegebenen Geschichte her anders zu gestalten.«

Der einfachste Weg der Spielgestaltung liegt sicher im Nachspielen des vorgegebenen Textes. Denkbar wäre es jedoch auch, wie im letzten Hinweis angedeutet, aus der Inhaltsangabe ein völlig neues Spiel zu machen. Da das Geschehen aus dem realen Erfahrungsraum der Schüler genommen ist, sollte es ohne theatralische Effekte gespielt werden.

Adam Riese und der Große Krieg ist eigentlich ein Hörspiel und in dem Bändchen *Vier Kurzhörspiele* (Reclams UB

Nr. 9834) abgedruckt und besprochen. Obwohl es »unverkennbare Merkmale akustischer Darstellung« trägt, wirkt es so plastisch, daß es eine Darstellung auf der Bühne geradezu herausfordert. Alles was der akustischen Verdeutlichung und Untermalung dient, wird hier auch das Bühnengeschehen beleben. Hintergrund (Zimmer im Haus Adam Rieses) und Kostümierung der Personen (1535!), besonders des Generals, können dazu beitragen, das Geschehen gerade für jüngere Zuschauer verständlicher zu machen. Zwar kann einiges, was bedeutungsträchtig ist, unauffälliger werden, anderes läßt sich durch optische Eindrücke auffälliger darstellen.

Natürlich bietet es sich bei diesem Text geradezu an, ihn sowohl als Hörspiel als auch als Bühnenaufführung zu bearbeiten und im Vergleich die Unterschiede der beiden dramatischen Formen erkennbar zu machen.

IV. Quellenverzeichnis

1. Taktik: Horst Pillau. Aus: H. P., Vergnügliche Sketche. Niedernhausen: Falken-Verlag 1979. S. 15–17.
2. »Emil, die Polente kommt«: Lothar Sauer. Aus: L. S., Der Mord auf der Wendeltreppe. Freiburg i. Br.: Herder ²1979. S. 65–67.
3. Die berechtigte Ohrfeige: Edmund J. Lutz. Aus: Toni Budenz / E. J. L., Das Fünfzehnminutentheater. München: Don Bosco 1974. S. 86–88.
4. Der Milchtopf: Margarete Gering. Aus: M. G., Sketche. Niedernhausen: Falken-Verlag 1960. S. 126.
5. Eulenspiegel und die Metzger (Überschrift vom Hrsg.): Kurt Finke. Aus: K. F., Eulenspiegeleien. Weinheim: Deutscher Laienspiel-Verlag 1952. S. 26–33.
6. Ein Drehtag im Studio 13: Lothar Sauer. Aus: L. S., Der Mord auf der Wendeltreppe. Freiburg i. Br.: Herder ²1979. S. 73–79.
7. Das Spiel vom weisen Kadi: Wolfgang Rapp. Aus: W. R., Narren-Scharade um vier heitere Kurzspiele nach Geschichten von Johann Peter Hebel. Hamburg: Quickborn-Verlag 1953. Verden: Mahnke Theaterverlag ⁴1975.
8. Der fahrende Schüler im Paradies: Hans Sachs. Aus: Klett-Lesebuch 6. Stuttgart: Klett 1967. S. 36–42.
9. Der Hasenbraten: Karl Valentin. Aus: Michael Schulte (Hrsg.), Alles von Karl Valentin. München: Piper 1978. S. 199 f.
10. Der Schalter (gekürzt): Jean Tardieu. Aus: Absurdes Theater. Stücke von E. Ionesco, F. Arrabal, J. Tardieu u. a. München: Deutscher Taschenbuch Verlag ⁹1982. (dtv 1626.) S. 131–134.
11. Zum stillen Winkel: Kurt Kusendrue. Aus: K. K., Gespräche ins Blaue. Ebenhausen: Langewiesche-Brandt 1969. S. 94–101.
12. An allem ist die Katze schuld: Ulrich Kabitz. Aus: Toni Budenz / Edmund J. Lutz, Das Fünfzehnminutentheater. München: Don Bosco 1974. S. 33–38.
13. Eine Minute: Christian Morgenstern. Aus: Ch. M., Egon und Emilie. München: Piper 1950. S. 26–28.
14. Wie Bernd und Frieder miteinander reden: Peter Härtling. Aus: Der Traumschrank. Darmstadt u. Neuwied: Luchterhand 1976. Reinbek bei Hamburg: Rowohlt Taschenbuch Verlag 1980. (rororo rotfuchs 264.) S. 125.
15. Wo ist der Neue?: Manfred Pielmeier. Aus: Erhard P. Müller

u. a. (Hrsg.), Textbuch 5. München: Oldenbourg 1973. S. 188–194.
16. Adam Riese und der Große Krieg: Günter Bruno Fuchs. Aus: W. Klippert (Hrsg.), Kurzhörspiele. Stuttgart: Reclam 1976. (Reclams UB Nr. 9834.) S. 37–49. © 1973 Carl Hanser Verlag, München.

V. Literaturhinweise

Amtmann, Paul: Das Schulspiel. München 1968.
Beimdick, Walter: Theater und Schule. Grundzüge einer Theaterpädagogik. München 1975.
Grömminger, Arnold: Umgangsmöglichkeiten mit dramatischen Formen im 6.–9. Schuljahr. In: A. G. / Gertrud Ritz-Fröhlich: Umgang mit Texten in Freizeit, Kindergarten und Schule. Freiburg i. Br. 1974.
Haven, Hans: Darstellendes Spiel. Funktionen und Formen. Düsseldorf 1970.
Hetmann, Frederik: Schüler spielen Theater. Spielvorlagen, Anleitungen, Erfahrungsberichte. Frankfurt a. M. 1981.
Ingendahl, Werner: Szenische Spiele im Deutschunterricht. Düsseldorf 1981.
Reinert, Gert-Bodo u. a.: Das darstellende Spiel in der Schule. München 1976.

Arbeitstexte für den Unterricht

Ästhetik. 180 S. UB 9592

Anekdoten. 96 S. UB 15004

Anleitung zur Abfassung literaturwissenschaftlicher Arbeiten. 99 S. UB 9504

Antike Mythen in moderner Prosa. 83 S. UB 9593

Argumente und Parolen. Politische Propaganda im 20. Jahrhundert. 112 S. UB 9518

Außenseiter-Geschichten. 96 S. UB 15032

Autobiographische Texte. 192 S. UB 9589

Behinderte. 181 S. UB 9577

Detektivgeschichten für Kinder. 96 S. UB 9556

Deutsche Balladen. 144 S. UB 9571

Deutsche Gegenwartslyrik. Eine poetologische Einführung. 142 S. UB 15010

Deutsche Kriegsliteratur zu zwei Weltkriegen. 192 S. UB 9581

Deutsche Kriminalgeschichten der Gegenwart. 192 S. UB 15019

Deutsche Kurzgeschichten.
- 2.-3. Schuljahr. 71 S. 5 Abb. UB 9528
- 4.-5. Schuljahr. 80 S. 5 Abb. UB 9529
- 5.-6. Schuljahr. 79 S. UB 9505
- 7.-8. Schuljahr. 80 S. UB 9506
- 9.-10. Schuljahr. 80 S. UB 9507
- 11.-13. Schuljahr. 87 S. UB 9508

Deutsche Kurzgeschichten II.
- 5.-6. Schuljahr. 93 S. UB 15007
- 7.-8. Schuljahr. 92 S. UB 15008
- 9.-10. Schuljahr. 77 S. UB 15011
- 11.-13. Schuljahr. 95 S. UB 15013

Deutsche Liebesgedichte. 94 S. UB 9590

Deutsche Literatur des Mittelalters. 208 S. UB 9568

Deutsche Naturgedichte. 88 S. UB 15001

Deutsche Sagen. 183 S. 25 Abb. UB 9535

Deutsche Sprache der Gegenwart. 166 S. UB 9531

Deutsche Sprachgeschichte.
190 S. UB 9582

Deutsche Sprichwörter und Redensarten. 199 S. 31 Abb. UB 9550

Einführung in die Verslehre.
192 S. UB 15037

Entscheidung. Zehn Erzählungen. 80 S. UB 15035

Ethik. 167 S. UB 9565

Fabeln. 84 S. UB 9519

Frieden – Friedensstrategien.
63 S. UB 9523

»Friedensgesinnungen«. Deutsche Literatur gegen den Krieg. 151 S. UB 15029

Funktionen der Sprache. 126 S. UB 9516

Gedichte der Romantik. 77 S. UB 15023

Gedichte des Barock. 152 S. 19 Abb. UB 15027

Gedichte des Expressionismus.
86 S. UB 15024

Gedichte des Sturm und Drang und der Klassik. 174 S. 10 Abb. UB 15036

Gedichte seit 1945. 88 S. UB 15016

Geschichten vom Erwachsenwerden. 78 S. UB 9598

Geschichten zum Philosophieren. 152 S. UB 15033

Geschichtliche Quellen. Eine Einführung mit Arbeitsbeispielen. 164 S. 9 Abb. UB 9553

Glück. 115 S. 1 Abb. UB 9575

Glück und Moral. 184 S. UB 9600

Grimms Märchen – modern. Prosa, Gedichte, Karikaturen. 154 S. 25 Abb. UB 9554

»Heimat«. Gedichte und Prosa. 174 S. UB 15025

Herrschaft durch Sprache. Politische Reden. 150 S. UB 9501

Indianergeschichten. 96 S. UB 9561

Die Juden. Vorurteil und Verfolgung im Spiegel literarischer Texte. 155 S. UB 9596

Kindergedichte. 83 S. 7 Abb. UB 9557

Kleine Schule des philosophischen Fragens. 108 S. UB 15028

Kriminalgeschichten. 88 S. UB 9517

Kürzestgeschichten. 79 S.
UB 9569

Legenden. 160 S. UB 9597

Lehrzeit. Erzählungen aus der Berufswelt. 160 S. UB 9558

Liebesgeschichten. 88 S.
UB 9573

Literarische Wertung. 188 S.
UB 9544

Literarisches Leben in der Bundesrepublik Deutschland. 190 S. UB 9509

Literaturzensur in Deutschland. 192 S. 3 Abb.
UB 15006

Märchen. 160 S. 9 Abb.
UB 15017

Märchenanalysen. 180 S.
UB 9532

Mensch und Technik. 160 S.
UB 15020

Menschen im Dritten Reich. Leben unter der Diktatur.
84 S. UB 9583

Metaphorischer Sprachgebrauch. 111 S. UB 9570

Methoden der Interpretation. 207 S. UB 9586

Motivgleiche Gedichte. 155 S.
UB 15038

Parabeln. 80 S. UB 9539

Parodie. Deutsche Literatur- und Gebrauchsparodien mit ihren Vorlagen. 80 S.
UB 9521

Phantastische Geschichten.
96 S. UB 9555

Philosophie und Sprache.
173 S. UB 9563

Philosophische Anthropologie. 168 S. UB 15012

Politische Lyrik. Deutsche Zeitgedichte des 19. und 20. Jahrhunderts. 88 S.
UB 9502

Presse und Pressewesen. 165 S.
UB 9545

Prosa des Expressionismus.
173 S. 8 Abb. UB 15034

Reise- und Abenteuergeschichten. 96 S. UB 9537

Religionskritik. 155 S.
UB 9584

Rhetorik. 152 S. UB 15021

Satirische Texte. 176 S.
UB 9525

Schelmen- und Gaunergeschichten. 93 S. UB 9578

Schulgeschichten. 80 S.
UB 9551

Schwarzer Humor. 139 S.
41 Abb. UB 9599

Science Fiction. 174 S.
UB 15015

Spieltexte
- 2.-4. Schuljahr. 72 S. UB 9567
- 5.-7. Schuljahr. 92 S. UB 9576
- 8.-10. Schuljahr. 96 S. UB 9585

Sportgeschichten. 84 S. UB 9540

Sprachspiele. 87 S. UB 9533

Texte zur Poetik des Films. 188 S. UB 9541

Theater spielen. Anregungen, Übungen, Beispiele. 160 S. 16 Abb. UB 9588

Theorie der Kurzgeschichte. 96 S. UB 9538

Theorie der Lyrik. 147 S. UB 9594

Theorie der Novelle. 75 S. UB 9524

Theorie des Dramas. 144 S. UB 9503

Theorie des Kriminalromans. 88 S. UB 9512

Theorie des Romans. 151 S. UB 9534

Theorie und Praxis des Erzählens. 192 S. UB 15009

Toleranz. Texte zur Theorie und politischen Praxis. 192 S. UB 15003

Tourismus. 179 S. UB 9564

Utopie. 174 S. UB 9591

Verantwortung. 175 S. UB 15022

Vorurteile gegen Minderheiten. Die Anfänge des modernen Antisemitismus am Beispiel Deutschlands. 174 S. UB 9543

Das Wahrheitsgebot oder: Muß man immer die Wahrheit sagen? 79 S. 5 Abb. UB 9579

Werbetexte / Texte zur Werbung. 87 S. UB 9522

Wie interpretiert man ein Drama? 191 S. UB 15026

Wie interpretiert man ein Gedicht? 191 S. UB 15018

Wie interpretiert man eine Novelle und eine Kurzgeschichte? 195 S. UB 15030

Wie interpretiert man einen Roman? 199 S. UB 15031

Wir erzählen Geschichten. 77 S. UB 9552

Witz. 72 S. UB 9542

Philipp Reclam jun. Stuttgart